当代西方学术经典译丛

《存在论———实际性的解释学》，

　[德]马丁·海德格尔著，何卫平译

《思的经验（1910－1976）》，

　[德]马丁·海德格尔著，陈春文译

《道德哲学的问题》，

　[德]T.W.阿多诺著，谢地坤、王彤译

《社会的经济》，

　[德]尼克拉斯·卢曼著，余瑞先、郑伊倩译

《社会的法律》，

　[德]尼克拉斯·卢曼著，郑伊倩译

《环境与发展———种社会伦理学的考量》，

　[瑞士]克里斯托弗·司徒博著，邓安庆译

《文本性理论———逻辑与认识论》，

　[美]乔治·J.E.格雷西亚著，汪信砚、李志译

《知识及其限度》，

　[英]蒂摩西·威廉姆森著，刘占峰、陈丽译，陈波校

《论智者》，

　[法]吉尔伯特·罗梅耶-德尔贝著，李成季译，高宣扬校

《德国古典哲学》，

　[法]贝尔纳·布尔乔亚著，邓刚译，高宣扬校

《美感》，

　[美]乔治·桑塔耶纳著，杨向荣译

《哲学是什么？》，

　[美]C.P.拉格兰、[美]萨拉·海特编，韩东晖译

《海德格尔的道路》，

　[德]伽达默尔著，何卫平译（即出）

《论解释———评弗洛伊德》，

　[法]利科著，汪堂家、李之喆、姚满林译（即出）

《为濒危的世界写作———美国及其他地区的文学、文化和环境》，

　[美]劳伦斯·布伊尔著，岳友熙译（即出）

《文本：本体论地位、同一性、作者和读者》，

　[美]乔治·J.E.格雷西亚著，汪信砚译（即出）

当代西方学术经典译丛

What is philosophy?

哲学是什么?

[美]C.P.拉格兰 [美]萨拉·海特编

韩东晖 译

人民出版社

目　录

Contents

导言：作为行动的哲学思考

> 人们不能学习哲学；因为哲学在哪里呢？谁拥有哲学呢？根据什么来认识哲学呢？人们只能学习哲学思考（philosophize）。——康德《纯粹理性批判》①

苏格拉底惹恼了他那个时代的职业教师，也就是智者（the sophists），因为他一个劲地质疑智者们的工作。苏格拉底想知道："你们做的事情到底是怎么回事呢？"1998 年 4 月

---

① 这里有必要给出上述引语的上下文，以便读者更好地理解康德的主旨。康德在《纯粹理性批判》第二部"先验方法论"第三篇"纯粹理性的建筑术"中说："一切哲学知识的体系就是哲学。如果人们把它理解为判断一切哲学思维尝试的原型，它应当用于判断每一种其体系往往如此多种多样并且如此多变的主观哲学的话，那么，人们就必须把它当做客观的。以这种方式，哲学就是一门可能科学的纯然理念，这门科学不能在任何地方具体地被给予，但人们可以沿着种种途径来试图接近它，直到发现唯一的一条为感性所遮掩的道路，而且成功地使迄今不适当的模仿在人们被允许的程度上与原型相同为止。在此之前人们不能学习哲学；因为哲学在哪里呢？谁拥有哲学呢？根据什么来认识哲学呢？人们只能学习哲学思维，也就是说，遵循理性的普遍原则在现存的尝试上施展理性的才能，但始终保留理性的权利，即甚至就其源泉而言来研究和证实或者抛弃那些尝试。"（A838＝B866，李秋零主编：《康德著作全集》第三卷，北京：中国人民大学出版社 2004 年版，第 534—535 页。）——译注

在耶鲁大学举行了一次会议,这个苏格拉底式的问题又反过来落到与会的七位著名哲学家头上。这七位哲学家的听众绝大多数是哲学教授和研究生,听众向他们发问:"什么是哲学? 我们的哲学教授到底在做什么? 我们又应当做什么?"本书就是该次会议的论文集。① 尽管本书中的论文是写给由学者组成的读者的,但对于本科生和受过良好教育但并非哲学家的读者来说,仍然不难理解。

[1]　　海德格尔在反思哲学的本质时,曾评论说:"当物的本质被质问,而物变得模糊不清的时候,与此同时,人与那被质问的东西的关系也变得不确定,甚至被破坏,在这样的时代,物的本质的问题便苏醒了。"②我们似乎就生活在这样的时代中,因为对于哲学曾经是什么,应当成为什么,当代哲学家的想法已经莫衷一是了。哲学在更为广泛的文化中的作用也相当不确定。从欧洲方面看,阿佩尔(Karl-Otto Apel)觉察到公众对哲学的兴趣在激增(本书第六章)。雷彻(Nicholas Re-scher)在 1992 年谈及"北美哲学现状"时却认为,尽管哲学在我们的高等教育体系中地位稳固,哲学活动也一直繁荣,但

---

　　① 本书收录了除理查德·罗蒂(Richard Rorty)之外在会议上发表的全部论文。

　　② 海德格尔:《什么是哲学?》(Martin Heidegger, *What Is Philosophy?* trans. William Kluback and Jean T. Wilde, Albany:NCUP,1956,43)。【本句引文从英译文译出。参考从德语译出的相关中译文:"长期以来,人们往往把某物是什么这样一个问题当做关于本质的问题。向来只有当被问及其本质的那个东西已经变得模糊不清,同时,人与这个被问及的东西的关系已经变得不确定或者甚至已经被动摇,这时候,关于本质的问题才觉醒。"见孙周兴选编:《海德格尔选集》上卷,上海:上海三联书店 1996 年版,第593 页。——译注】

"对更为广泛的文化几乎没有影响"。①

尽管"什么是哲学"这个问题在理论上莫衷一是,但在实际的哲学活动中,却有极大的一致性。这就是说,在日常工作生活中,绝大多数哲学家都在实际从事着一种在大学里蓬勃发展的学术职业。这种职业内部的主导观点似乎是这样的:"真正的"哲学家与单纯的哲学教书匠不同,哲学家是"也在其研究领域发表著述的哲学教授"(见本书第二章)。这种观点把哲学视为一种产业化生产,导致专门研究哲学问题的著作和期刊论文的数量剧增。尽管当今产业化了的哲学家著作普遍质量极高,技巧娴熟,但这些哲学家却要冒着出售其出生证的风险,即放弃苏格拉底式的精神,以换取职业地位和声望。于是,谁掌握了特定的技术手段,谁就被赋予了职业的合法性。问题还不仅仅如此,斯托德(Barry Stroud)悲叹道,当今哲学中的匠气常常使之"枯燥无味、空洞乏味、令人腻味"(本书第一章)。

不过,最重要的是,斯托德也注意到,这种"职业化的科学主义的哲学观,其哲学性质是不充分的",因为"在一定意义上,这不啻为哲学的缺席"。在斯托德看来,这种职业化往好处说,导致的是"自满",往坏处说,则是"盲目",是对在哲学上真正重要的东西视而不见。伍德(Allen Wood)指出,哲学是"自我反思的活动"(第四章),因此若视自己的本性为理所当然,则必定丧失自身。斯托德认为,如果哲学家不再视其工作的本质为理所当然的东西,则有可能让哲学这个学科摆

[2]

---

① 雷彻:《今日美国哲学》(Nicholas Rescher, "American Philosophy Today," *Review of Metaphysics* 46(4),734)。

1

脱某种程度的浅薄，而这种浅薄是自己加之于自身的。他呼请大家严肃地努力解决这个问题："什么是哲学？"

不过，我们为什么认为哲学家探究哲学之本性的必要性，甚于艺术家沉思艺术之本质的必要性呢？① 画家之所以伟大，并不是根据他在艺术理论中的沉思来衡量的，而是根据其作品的质量。同样，要想把工作做得精彩，似乎也不需要哲学家一头扎进关于哲学之本性的问题上。正如伍德所说："哲学反思获得其重要意义的途径，与其说来自其仅作为哲学反思的本性，不如说来自对其反思对象的发现，这些反思对象包括知识的本质、善、美等。"

哲学本性的问题并非突出的哲学问题，没有写过关于元哲学的文章的哲学家也能成为大哲学家。倘若哲学从其他问题中抽身而出，转而沉迷于对自身本性的探讨，那么哲学恐怕很快就不再有趣了。而且毫无疑问，许多大哲学家从未对哲学是什么的问题留下只言片语。伍德正确地认为，哲学的价值在于搞清楚什么不是哲学。斯托德本人就说："仅有哲学活动本身是不够的，总是还有更多的东西需要反思或开始探究。总会有某种东西，我们要去思考，要努力去理解，世界也总有某种现象或某个方面是令人困惑的……必定有某种东西[3] 虽与我们密切相关，却不是哲学。"然而，"什么是哲学"的问题看起来的确是哲学必要的组成部分。本书所有作者都同意，哲学是（或其目标是）针对概念和推理的无情而全面的考察和批判。不过，正如斯托德指出的，如果哲学虽考察和批判

---

① 关于这两个问题之间的类别，参见哈里斯（第二章）、伍德（第四章）和斯托德（第一章）中的论述。

其他学科的基础概念,却不质疑自身的核心概念——例如,什么使一种理论成为"哲学的","接受"这种理论是什么意思,等等——那么,哲学就做不到无情和全面。"认识你自己"(know thyself)的哲学告诫适用于作为哲学家的我们,恰如它适用于作为人的我们一样——即便作为人的自知之明要比作为哲学家的自知之明重要得多。

对于学院哲学的自我反思特性而言,过度职业化不仅是威胁,也是屡遭宣告的"哲学终结"的症候。哲学的传统目标在于清晰而完整地洞察人性及其在宇宙中的地位,但由于学术职业化的特征造成了无情的劳动分工,这一目标似乎消失无踪了。①

不过,这也许不是真正的损失。也许哲学家不再努力构造宏大的形而上学体系,实际上是件好事。本书作者中有些人就认为实在的绝对起点或绝对构想的观念是成问题的。例如,斯托德认为我们永远无法取得超然独立的理论视角,来观察世界,尽管哲学也许热切追求这种立足点,但我们实际上能够获得的唯一理解方式就是人对自身的理解。没有"无立场的超然视角"(view from nowhere)。可以说哲学的多样性实际上是一种进步的标志,宏大的哲学策略要么注定失败,要么把我们引向危险的方向。

然而,放弃这种总体化的洞察是否等于哲学的终结呢? [4]勒维纳斯说:"在哲学的当代终结中,哲学重获新生。"②雷彻

---

① 这种对哲学传统目标的刻画来自塞拉斯(Wilfrid Sellars)。参见塞拉斯:《经验主义与心灵哲学》(Wilfrid Sellars, *Empiricism and the Philosophy of Mind*, Cambridge: Harvard University Press, 1997, 81)。
② 勒维纳斯:《与勒维纳斯面对面》(Emmanuel Levinas, *Face to Face with Levinas*, ed. Richard A. Cohen, Albany: State University of New York Press, 1986, 33)。

则说道："如今，就传统上所理解的形而上学和认识论而言，戳穿它们而不是去研究它们，让学术陷入了更大的混乱。"①尽管本书中的哲学家们广泛关注了所谓的哲学之死，但他们同样表达了对哲学之未来的明确兴趣。尽管本书中的各篇文章之间不乏差异，但都表现出与哲学传统的极其紧密的连续性；针对哲学事业的"世纪末幻灭"心态，也表达了乐观主义的回应。

"什么是哲学？"——有多少哲学家就又多少答案。这至少是部分地因为这个短得要命的问题包含或引发了其他许多问题，因此这个问题处理起来就很棘手。本书中的每一位哲学家都试图更精确地界定这个令人望而生畏的问题，他们也都得出了与众不同的诠释。不过，大家在三个重要方面观点相近。

首先，他们看来都同意，"什么是哲学"这个问题要求我们说明哲学如何不同于其他学科和社会行当。我们问什么是哲学的时候，也在问什么不是哲学；这就是说，我们力图在哲学与非哲学之间划界。我们能够较少争议地说，哲学旨在获得对世界的某种非常普遍的理解。例如，斯托德说哲学是"对世界的极为普遍的各个方面的反思，特别是包含或影响人类生活的那些方面"。这种观点与塞拉斯的主张相呼应：哲学家旨在认识"事物，就这个词最广泛的意思而言，是如何与这个最广泛的意思结合在一起的"。② 不过，这种对哲学的刻画未免过于含糊。诚如斯托德所言："人与宇宙其他领域

---

① 雷彻：《今日美国哲学》(Rescher, "American Philosophy Today," 737)。

② 塞拉斯：《哲学与人的科学形象》(Wilfrid Sellars, "Philosophy and the Scientific Image of Man," in *Frontiers of Science and Philosophy*, ed. Robert Colodny, Pittsburgh: University of Pittsburgh Press, 1962, 37)。

的关系,死亡与人的有限性,个人与他人互动的适当方式,就 [5]
这些方面的基本特征而言,每种文化都拥有一些关于它们的思
想和态度。哲学固然是关于这些方面的,但并非每一种全面理
解它们的方式,甚至每一种思考它们的方式,都算是哲学。"

从非常一般化的哲学主题出发,轻率地刻画哲学的特征,
其实无法回答划界的问题。绝大多数人都有种直觉,以为哲
学、宗教、艺术和科学各不相同,尽管它们都旨在(至少部分地)
表明,事物如何在极其普遍的意义上"结合在一起";我们想得
到"什么是哲学"这个问题的答案,用来解释那种直觉。尽管本
书中大多数篇章都处理了划界问题,回答的方式却大不相同。①

其次,作者们认为"什么是哲学"大体上是个规范性问
题。这个问题具有描述性和规范性维度。若自描述性维度发
问,此问题就意味着"事实上哲学是什么?";若自规范性维度
发问,则意味着"哲学应当是什么?"②虽然这里的绝大多数文
章都以某种方式讨论了有关哲学的事实(特别是哈里斯和阿
佩尔考察了哲学学科的现状),但大体来说,关注的焦点是规
范性问题。③ 对规范性的专注透露出了重要的东西:哲学也

---

① 实际上,在耶鲁会议上,罗蒂似乎认为,哲学与其他学科的划界
方式是"什么是哲学"这一问题引发的最有趣的工作。他问道:在过去的
那个世纪中,区分哲学家与其他西方知识分子的是什么? 通过这个问题
他为自己重新表述了"什么是哲学"的问题。

② 试比较伍德在第四章中对此问题的两种形式的区分:分析的和
辩护的。

③ 例如,伍德说,他"只想说说我认为哲学迄今为止是什么(当然不
会说得有多完美),以及哲学中哪些最重要的部分应当继续存在下去",阿
佩尔力图为自己回答"我认为哲学应当是什么",努斯鲍姆说哲学家善于
批判性反思"思考社会的所有思想者(实际上在一定程度上是所有公民)
应该做、通常却没有做的分内工作",从而隐含地根据规范或批判性反思
的理想而定义了哲学。

许需要事实来说明，但主要聚焦在宽泛意义上的规范性断言，这些断言或者关乎我们应当如何思考，或者关乎我们应当如何做事。通过处理规范性问题，许多作者看起来都同意："哲学的主题就是一切装扮之下的规范性"（布兰顿，第三章）。

最后，所有作者都同意，哲学不能仅仅还原为一组问题，一套学说，一系列结论。正如斯托德所言："哲学绝非一些学说或真理，而是一种活动，其中心或目标也不是去发现这样的哲学论题或学说。"对斯托德来说，哲学是一种质疑的方式，永远不能停留在既定的理论当中，因为哲学"依赖于恒久的好奇与无尽的探求"。但并不是所有作者都赞成斯托德的这一最终结论。有些作者认为，即使哲学的终结始于对论题（thesis）和学说的信仰，哲学至少也以确立这类断言为目标——"哲学论题"是哲学的 end，既是其终结，也是其目标（telos）。另一些作者甚至认为哲学不仅包含对某些种类论题的探索，也包含对它们的信仰。但是，所有作者似乎都赞同斯托德的观点，即我们不可能根据业已确立的论题来定义哲学。即使存在一本《哲学问答手册》（*catechism*），也就是哲学问题和答案的完整清单，通过阅读这份清单，谁也不可能了解什么是哲学。因为哲学与众不同的地方不在于它所产生的答案，或所问及的问题，而在于问及这些问题的独一无二的方式。尽管作者们对哲学是否产生答案、甚至是否以答案为目标，并未达成一致意见，但他们都赞成哲学是过程而非产物。在以描述性或规范性的方式处理"什么是哲学"这个问题之前，他们不可避免地改造这一静态的问题，通过聚焦于哲学活动本身而动态地构思哲学本质的问题：什么是哲学思维？把哲学理解为活动而非产物，作者们必须考虑的不仅仅是行为，而且还包括行为者和

[6]

目标。谁是哲学家? 他希望去实现什么? 但是进一步说,哲学家对什么、对谁负有责任? 为什么要进行哲学思考?

本书中的哲学家重返这个曾经激励柏拉图和亚里士多德的基本问题。在《尼各马可伦理学》中,亚里士多德说,真正的论证,最有用之处不是为了知识,而是为了生活,因为"真理激励着那些理解真理从而按照真理生活的人"。① 亚里士多德说得对吗? 哲学是一种纯粹理论的活动呢,还是也有实用的意蕴? 哲学是自足的理智追求,还是扩展到我们在学术研究之外的实际生活方式? 伍德认为,哲学是人类理性的努力尝试:独立理解世界,并在世界中发挥作用。倘若如此,我们就应当考虑,如果抛弃了整体化的视野,哲学的社会功能会受到怎样的影响。不断增长的技术化和学科的碎片化,会不会让哲学家认为自己是孤独的思想劳作者,而哲学就是纯粹理论的事业? 21 世纪的哲学家能否针对社会的大变局作出独一无二的贡献呢?

对于哲学在 20 世纪下半叶大踏步、强有力的发展,普通公众,甚至是普通的"知识分子"公众,均不甚了了,固无足怪。当代哲学的抽象性和难度自然要负一部分责任,但哲学家也将原因归咎于当今实证主义时代中哲学的职业化。伯奇指出,哲学与文化的其他领域的交流渠道"极不通畅,着实可悲",而"实证主义对绝大多数非科学的文化的认识价值过于苛责,这两个方面或许应负大部分责任"。② 伯奇的评论阐

---

① 亚里士多德:《尼各马可伦理学》(Aristotle, *Nicomachean Ethics* X:i,1172b,4—7)。

② 伯奇:《语言与心灵哲学四十年:1950—1990》(Tyler Burge, "Philosophy of Language and Mind:1950—1990," *Philosophical Review* 101(1),3)。

明了斯托德等作者所看到的在科学的自负与我们时代哲学的贫乏的职业化之间的关联。近来世界哲学大会组委会表达了这样的关注:哲学的各个领域变得如此专门化,以致于哲学本身也变成越来越不相干的多个学术子领域了。在本书中,努斯鲍姆特别批评了一部分哲学家,他们不能或不愿克服其专业习惯和表达习惯,以有效地赢得其专业之外的读者。

努斯鲍姆的文章"公共哲学与国际女性主义"(第五章),表现出她致力于影响世界的努力。在她看来,为引导公共生活作出贡献,这是哲学的某种生死攸关的东西,因此哲学应当在国际政治论争中发挥作用。努斯鲍姆说,哲学家要做许多超越苏格拉底式质疑的活动:他们必须批判性考察经济模型和论证,参与医学伦理学的争论,分析社会科学中的基础性概念,以及建构理论,等等。她主张,哲学特别适合于那些精细、严格而富于批判性的概念工作。对哲学基础性概念的哲学探究,"有时被视为在理智上过分苛求的例子,然而,其实际后果相当重要,需要在实际的政治纲领中加以说明"。

努斯鲍姆要求我们澄清概念,那么,其实际意蕴何在? 她自己的工作力图向经济学家表明,他们的模型作出了实质性的哲学承诺,因此应当受到仔细审查。她与诺贝尔奖得主、经济学家阿玛蒂亚·森合作,力图让哲学家和经济学家一起讨论发展经济学的基础性概念,特别是"生活品质"的概念。努斯鲍姆主张,当前经济学中占主导地位的幸福观,即主张幸福与人均国内生产总值或欲望满足紧密关联的思想,都过于简单化了。他们两人要告诉政策制定者,发展中国家中的女性是"富裕的"，即便她们仍然面临严重的压迫和虐待。那些采取粗陋的幸福观的经济学家是看不见这些虐待的。通过澄清生活品质思想，并付诸理性批评，努斯鲍姆和阿玛蒂亚·森希望确立通往幸福的"能力方法"（capabilities approach）。根据这一取向，"生活品质不应从满意与否、甚至资源配置的方面来衡量，而应当在人类发挥其功能的若干核心领域中，从人们实际能做什么、能成为什么来衡量"。 [9]

哲学将当前幸福观的缺失暴露出来，提出了更好的替代性取向，假如经济学家和政策制定者愿意倾听哲学家的观点，而哲学家也愿意以清晰易懂的方式表达其思想，那么，哲学就能够在现实中有助于改进发展中国家贫困妇女的生活。努斯鲍姆认为她的项目就是一个范例，表明"关于愤怒之本性的极其抽象的观念、贪婪的社会起源等方面"的哲学关注，如何针对公共政策制定者，"把世界以前没有的批判手段赋予之，把以前没被命名的恶习的名称赋予之，等等"。她主张，哲学能够提供基础性、系统性的理解，能够指导我们开处方、制定法律。

不过，其他作者主张，我们应当谨慎对待"职业技能"这个观念，也就是说哲学家可能会声称掌握了有关实际问题的职业技能。这种担忧在早在哲学起源之时就已出现，例如，苏格拉底宣称自己无知，并批评智者，因为智者在伦理、政治以及其他实际问题上自诩为"专家"；我们可以在苏格拉底的表达当中发现这种担忧。如今，就哲学家是一切现实的和可能的"语言游戏"的专家而言，罗蒂就是典型的反对者。罗蒂还说，他并不认为哲学是对任何东西的批判："我们并不是为了社会批判而需要哲学；我们有许多批判社会的方式：经济学、社会学、小说、心理分析,等等。"①总之,他愿意让我们认识到,"对于我们当前问题而言,理论反思有可能帮助我们的地方实在微乎其微"。②

与伍德和努斯鲍姆相反,斯托德主张,哲学既没有实际的结果,也不以此为目标。按照他的观点,"哲学并不是要获得一些结论,这些结论可以应用于或运用于指导、安排我们的生活。哲学是思想,是反思,从事哲学纯粹是为了理解一些东西,只是为了发现那些困扰我们的世界的各个方面究竟是怎样的"。我们追求哲学,并不是把它作为更好的生活的手段,无论是个体的还是集体的,而仅仅是因为哲学是内在地具有价值的活动。哲学享有大学和社会的庇护,"不是因为大学或社会指望它获得的特定结论。哲学活动应当继续下去,这比它应当获得这样那样的特定结论重要得多。真正实质性的东西,并不是以业已获得的结论或确立的命题的形式出现的结果"(第1章)。

哈里斯(第2章)在这一点上似乎处于斯托德和以实际问题为取向的哲学家之间。一方面,他认可亚里士多德的论断,即哲学家寻求知识,"并不是因为这种知识会被证明是有用的,或者能帮助他们找到正确的道路",而是因为"求知就是其自身的报酬"。所以,"倘若没有这种以自身为目的的活动,生活就将是空虚的。"另一方面,在一些方面,哈里斯看起

---

① 罗蒂:《哲学之后是民主》(Richard Rorty, "After Philosophy, Democracy," in *The American Philosopher*, ed. Giovanna Borradori, Chicago: University of Chicago Press, 1994, 117)。

② 罗蒂:《作为科学、隐喻和政治的哲学》(Richard Rorty, "Philosophy as Science, Metaphor, Politics," in *Essays on Heidegger and Others: Philosophical Papers Volume* 2, New York: Cambridge University Press, 1992, 25)。

来赞同伍德的观点,认为哲学以正确的活动为目标,至少也是以一种精神气质为目标,这是一种在世界中生存的方式。哈里斯仿效维特根斯坦的观点,认为我们找不到出路的时候,我们对我们在世界中的位置和生活方式不再感到可靠的时候,当我们不知道如何去做的时候,哲学就开始了。哲学诞生于这种焦虑,它要问:"哪条路才是正确的?"有时候我们是为了知道如何生活而开始哲学思考的。

　　哈里斯的评论暗示了一幅哲学如何与实际行动相结合的综合图景。如果我们假定,哲学必定要么以行为为目标,要么否,我们就制造了一个错误的二分法。有些哲学家以理性行为为探究对象,有些人以理解本身为目标。无论是以实际问题为取向的哲学,还是纯粹理论哲学,都无法自诩为唯一"真实的东西"。哲学问题的重要性既来自它们与"从作为生活 [11]组成部分的筹划中获得意义"相关联,也来自"摆脱无知,寻求真理"的内在价值。

　　不过,即便哈里斯承认某种哲学的目的是理性的行为,他也不会赞同伍德的观点,即哲学包含这种行为。伍德认为,哲学是理性作用于世界的尝试:"理性是认识世界的能力,但更主要地是作用于世界的能力,因为理性也是以社会为导向的,理性的首要使命就是改造社会秩序,即实现自由、平等、博爱的启蒙理想。"哈里斯则相反,他认为哲学的核心是持久的质疑。"只有不断问及'哪条路才是正确的?'这个问题,哲学才会继续有生命力,因为正确的道路仍然悬而未决,因为我们的位置和天职仍不确定。倘若哲学有能力确定或决定正确的道路,倘若它有能力建造真正安居的房屋,那么哲学也就完成了自己的工作,走向终结。这就是为什么一门科学的诞生总是意味着一部分哲学的死亡。只要构成正确道路或正确方法的东西哪怕是部分地确定下来，科学就会待在自己的安乐窝里，而质疑这条道路的科学家却是返回了科学的哲学源头。"在我们行动的时候，这种质疑就必须暂停下来；因为行动有如科学的进步，需要我们将某些实践的准则，当做业已确立的指南，而不是批判性审查的对象。因此，由于哲学的本质是批判性的仔细审查，哲学本身也就不可能包括社会的改造，即便我们为了这种改造而采用了哲学。

如果我们假定，某种哲学旨在理性地行动，而另一种则寻求自身的理解，那么，我们自然要问，什么使这两种哲学进路统一在一起。二者之间的共同点何在？为什么都是哲学？因[12]为二者的目的都是自我理解，都试图阐释基础性的概念，批判性考察这些概念，而无论所产生的理解是否应当导致行动或社会改造。我们之所以是哲学家，不是因为我们问对了（实际的或不切实际的）问题类型，而是因为我们以正确的方式提出了问题。努斯鲍姆说，哲学从一开始"就像一只恼人的牛虻一样，不厌其烦地追问核心概念的问题，既有其自身的，也有其他学科、其他人的核心概念——这无疑让人恼火，却极有价值"。不管哲学家的最终目的是什么，他们探索基础概念，使之更加清晰，用努斯鲍姆的话说，他们"都致力于批判性地仔细审查一切论证，这种严密的审视使哲学家更善于精确区分和洞察谬误"，理解争论双方的观点。

伍德注意到，法国启蒙运动时期的启蒙哲学家也认为哲学是追求自身知识的（self-knowledge）。伍德在评论杜马尔塞的一段话时，清晰勾勒了启蒙运动的图景："理性或自由行为并不需要让我们的行为不被原因所引发，也不需要让激情缺席。它甚至都不需要让我们免于在黑暗中行走这样的人类普遍状态。但是，哲学家却是举着自我认识的火炬，穿行于黑暗之中。在意识到使他们运动的原因之后，哲学家获得了批判能力，能挑出是哪些是运动的原因（即那些思想、条件、情感和激情）。因此，哲学家们不在表面上接受原则，而是探寻原则的起源，从而可以在其源头理解每一条基本原理，知道它的真正价值和应用范围。"哲学家的主要工作就是关注自身的心智：将隐匿的带入光明，清晰阐释此前极不清晰的东西。不过，这一目的不仅仅是描述性的，哲学家也力求评价（evaluate）那些被带入光明的东西。正如布兰顿在第三章中 [13] 所说：我认为，概念阐释的要害在于，它将这些概念敞露在理性批判之下。这一理性的事业，即给出和寻求理由的活动，就位于推论性活动的核心地带，不仅要求对信念的批判（因为这些信念可能是错误的或没有根据的），而且也要求对概念进行批判。我们能够运用命题和方案，将其作为赞同某个信念或意向的候选者，但有缺陷的概念却通过限制这些命题和方案，扭曲我们的思想，钳制我们的活动。这一钳制在我们背后和视野之外起作用，因为它们甚至也限制了那些我们有能力意识到的东西。哲学，在发展和运用概念的理性批判工具的过程中，把扭曲思想的影响拖到光天化日之下，把我们概念当中隐含的承诺暴露出来，使之更易于接受理性的质疑和论争，从而致力于将我们从枷锁中解放出来。

在所有作者中，布兰顿最为清晰地呈现出这样一幅图景：哲学就是概念阐释和概念评价。尽管本书有些作者未必是启蒙运动的拥护者，但绝大多数似乎都赞同布兰顿对哲学的刻画。哲学拆解其他学科视为理所当然的概念，并加以评估。

一旦我们致力于哲学式的质疑,也就将自己抛入了对基础信念和基础概念的不确定性当中,即便我们作为人,仍然深为这些信念和概念所约束。哲学拒绝将一切视为理所当然的,就此而言,哲学实乃理性自律(rational autonomy)的演练。伍德、布兰顿和哈里斯都强调,哲学要求我们离开"被庇护的安全与舒适",接受"独立思考带来的风险和责任"(第四章)。哈里斯沿着海德格尔的思路,用本真性(authenticity)的语言改写了康德式的自律:"按照我的理解,哲学的源头就是一种无家可归之感,并与对本真(authenticity)的需求紧密相连,这种需求就是个体应为自己而行动和思考,这种需求与今日哲学的职业化之间存在着紧张关系。"追求本真性思想的人不可能让自己满足于"已经确立的、公认的和被视为理所当然的东西"。哲学需要自由,因此哲学质疑历史与自然的权威,"也质疑哲学的权威"。

[14]

甚至努斯鲍姆也反对仅仅诉诸哲学权威而认可某人的立场。某些后现代主义的相对主义者,仅凭德里达或福柯的大名,就不加论证,得出结论;努斯鲍姆对此颇为不满。因此,她的实践兴趣既来自她的总体想法,即哲学家是"那些不幸的人的律师",也来自她的"普遍主义"方法。在最近的一部著作中,她为女性生活品质的普遍价值做了辩护。① 这种实际参与看起来是建立在一种理论基础之上的,比起本书中的其他任何方法,这种基础与阿佩尔先验语用学方法的共同点更多一些。

① 努斯鲍姆:《女性与人类发展:从能力方法的角度看》(Martha Nussbaum, *Women and Human Development: The Capabilities Approach*, Cambridge: Cambridge University Press, 2000)。

在这里,阿佩尔是"先验"式哲学思考的唯一代表。一般说来,先验论证要表明的是:一物是另一物的非因果性的可能性条件。阿佩尔的招牌是"对话伦理学",力求通过协商讨论达成共识,同时也是对论辩的诸预设的反思。阿佩尔把哲学分为第一哲学和思辨的形而上学。第一哲学与科学截然不同,因为"其核心不包含任何可错的假设,而仅仅包含可错假设的不可反驳的条件"。另一方面,思辨的形而上学则居于"第一哲学与经验科学之间,为经验科学提供开创性的思想,引导新的研究范式。事实上,自前苏格拉底时代以来,哲学就已经这样做了"。他与努斯鲍姆一道,主张全球正义伦理,要 [15] 求我们具备关于生态学事实、社会事实和经济事实的知识。不过努斯鲍姆走得更远,认为实际经验也是哲学所必备的。

即便是对此有所保留的哲学家,如斯托德和哈里斯,也会同意哲学家需要知道大量关于世界的知识,这些知识是由其他学科揭示出来的。例如,斯托德认为,尽管哲学里面没有事实,但仍然必定有可用于哲学的事实:"必定有某种要去反思和诚实面对的'材料'",即便这些事实只是信念或态度。哈里斯也认为:"实在首先给予自身的,总是已经充满意义的东西。"阿佩尔主张,即使在尊重差异的多元文化社会中,我们也能够而且应当赞同某些普遍规范。同样,努斯鲍姆努力为普遍主义提供哲学支持,那些对实际的发展项目负责的人能够解释这种普遍主义。

伍德的启蒙理想对于塑造真正普遍的全球文化的任务也有吸引力。前面我们曾断言,关于哲学研究活动的提问也就是在问"什么是哲学家"。伍德更明确地聚焦于此,让我们想起,对康德而言,某人若称自己为哲学家,则表现出相当程度自负。正如作为完成了的智慧之学的哲学并不存在一样，"哲学家"也必须保持为理想形象。罗蒂反对哲学家拥有什么特殊地位，也坚决否认哲学家应当忙于制造"普遍有效的论断"的营生，罗蒂要将哲学话语转换成说服性的、教化式的对话。哈里斯认为这种实用主义的哲学观与哲学的体制化如出一辙：哲学仅仅成为"理智技术"，哲学工业为装满其"工具箱"而收集各种话语。自阿佩尔观之，罗蒂的对话主义的实用主义取消了对它的任何可能的批评，故不允许任何独立于语境的有效性要求，从而标志着哲学的终结。

[16]

　　与罗蒂相似，斯托德怀疑阿佩尔的尝试——揭示任何可能的人类思想或话语的先验条件或必要条件。斯托德认为，对我们来说，不存在什么先验视角、绝对观点。不过，他也拒斥那种极端的观点，认为任何种类的事实或真理都不存在，存在的只是一致或共识。然而，他似乎比罗蒂走得更远，否认哲学著述的主要目的是说服。斯托德将"什么是哲学"的问题转换为"我如何看待哲学"的问题。由此，他举例说明了他的观点，认为哲学活动必须处理的是让事物清楚地展现给我们。他给出的哲学的定义表达了这一清晰的目标："哲学是思想，是反思，从事哲学纯粹是为了理解什么东西。"不过，这种理解的最终产物却不是（或不应当是）哲学论点或理论。斯托德认为，"哲学论点或哲学理论相当于什么？采取或接受这种论点或理论意味着什么？在这些方面，当代哲学家的批判性常常不足。这使哲学的理论活动看起来太像接受某种意识形态、信条或宗教了。因为所谓'接受'这种态度本身，某学说或理论'被接受'这种状况本身，并没有被纳入哲学的考量。于是就想当然地肯定我们已经明白了哲学学说或理论是怎么回事,问的也只是我们接受什么学说,拒斥什么理论了。"

罗蒂和斯托德都表现出后分析哲学的紧张,这种紧张状态表明,我们应当努力"摆脱"某些哲学基础问题,而不是努力去回答它们。这一观点是在仿效维特根斯坦,认为留给我们去做的唯一的哲学工作,就是将传统的形而上学问题诊断为假问题,从而消解之。斯托德放弃了治疗性(therapeutic) [17] 的标签,因为他更推荐和偏爱诊断式(diagnostic)这个术语。维特根斯坦还主张,哲学"要求放弃,但放弃的是情感,而不是理智"①。不过,放弃情感实在难以做到,获得客观中立的视角以观察我们的欲望实在强烈,斯托德认为哲学家应始终处理特定类型的问题。如此一来,斯托德并不担忧哲学的终结。阿佩尔反对斯托德的"诊断式"观点,他主张哲学不应当将自我批判与"完全接受情感摆布的时髦概括混为一谈","在关于我们理性陈述能力的有限性和根本的可错性的伪形而上学陈述中,这类情感爆发出来"。

阿佩尔也将利奥塔、福柯、德里达等人视为鼓吹哲学终结的哲学家。因为阿佩尔认为,只要从事哲学论证,就必定预设特定的有效性要求,而无论是英美哲学中的后分析的怀疑论,还是后现代的大陆哲学家都陷入了阿佩尔所谓的"践言性的自身冲突"(performative self-contradiction)。哲学家必定是自我批判和自我反思的,但必定不能是自身冲突的。这样,对阿佩尔来说,哲学能够终结自身的独特方式,就是哲学消解为后

① 维特根斯坦:《哲学选辑》(Ludwig Wittgenstein, *Philosophical Occasions 1912—1951*, Indianapolis: Hackett, 1993, 161)。

现代的堕落的修辞样式。

哈里斯也关注哲学可能终结的方式，不过这不是他主要关心的问题。哈里斯认为，比哲学之死更成问题的是哲学的边缘化，当社会最为关切的问题被认为已经提出来，并被其他学科所回答，这是，哲学的边缘化就在蚕食着哲学。斯托德对此感同身受，他说明了哲学中为什么缺乏"结果"："一旦有了真正的结论，也就不再算得上哲学了。"通过获取正确方法，

[18] 科学取得进步；哈里斯说，这导致科学"从哲学的庇护中解放出来"。自然科学的成功搅扰着哲学家，因为看起来让哲学有所贡献的余地实在微乎其微。

哈里斯断言："科学向今日的哲学提出了我认为是科学最为迫切的问题。"科学旨在获得客观性，理解不受个体、文化和社会视角所扭曲的世界。后现代主义哲学的危险在哈里斯看来，就是它会让我们相信，科学"只是另一个故事"。因此，后现代主义哲学无法从事直面科学的真正任务。他认为，科学的成功为我们的日常生活蒙上了阴影，因为在原则上，科学不可能为自由或个性留下空间；"科学家对真理的追求把实在还原为黯哑的事实堆积，还原为缺乏意义的原始材料——除非人类主体将意义移植上去，并被为人所用"，这种实在观"确确实实侵害了我们对人和物的经验"。

如今摆在哲学家面前的任务是认清科学的合法性与有效性，以便确定其界限的范围。也许哲学系应当更重视科学哲学和科学史，但即便如此，这也是个成问题的回答。正如塞拉斯在其里程碑式的著作《经验主义与心灵哲学》中所言：

> 若是没有"科学哲学"之类的科目，所有学习哲学的学生都会感到有必要至少在一段时间内，把一部分心思

放到科学事业的方法论的和实质性的方面。如果结果常常是哲学的任务和科学的任务被混为一谈，而且差不多同样经常地导致最新的科学思辨的框架被投射在关于世界的常识图景之上……那么，这至少有一个好处，即保证 [19] 了对科学话语的本性和意蕴的反思，而这是一般哲学思考的不可或缺且至关重要的部分。但现在科学哲学既是名义上的，又是实实在在的，因此就产生了诱惑，既要把科学哲学留给专家去研究，又混淆了哲学不是科学的正确观念和哲学独立于科学的错误观念。①

那么，科学与哲学的关系究竟如何？对此问题的各种可能回答形成了一个连续体。伍德意识到哲学是独特的自我反思的事业，而物理学则不是，但是，科学与哲学"没有根本差别"。科学只是哲学的组成部分。哈里斯也认为，哲学位于科学的源头，但他这样说的意思是，这两种探究模式具有根本上不同的次序。就此而言，他更接近于斯托德。斯托德认为哲学总体上是不同于科学的事业。物理学或化学包含知识的基本内核，每一位物理学家或化学家，无论在何时何地，都接受这一内核；而哲学家则没有这种共同接受的主干理论。对斯托德来说，即使诉诸传统，视之为问题的来源，也无济于事；而对布兰顿来说，其黑格尔主义的理论版本认为，合理性（rationality）本身"将历史解释为对各种自然本性的揭示"。这种理性形式本身就在于重新书写历史，而使事物成为可理解的。

---

① 塞拉斯：《经验主义与心灵哲学》（Sellars, *Empiricism and the Philosophy of Mind*, 79-80）。

哲学具有历史，而且在理解这一历史的努力当中，我们让自己成为哲学探究的主题，因为我们自己就是从事推论活动（discursive）的存在物。布兰顿认为，我们的特殊目的是理解推论性本身，用塞拉斯的措辞说，就是"给予和要求理由的游戏"（the game of giving and asking for reasons）。① 这一以理解为目标的游戏区别于以知识为目标的科学。

[20]　　别的学科尝试理解某个特殊主题，而哲学则力求理解一般意义上的理解（understanding），理解在布兰顿看来是规范性概念。哲学关注规范性，这显然让哲学与自然科学和社会科学大相异趣，因为后者关注的是描述性；哲学专注于概念性规范，遂将哲学与艺术和其他人文学科区别开来。因此，哲学问题并不与自然科学问题相似，因为哲学问题的主题，即概念性的和推论性的活动，是文化的。即便如此，布兰顿认为，不应该像社会科学研究文化对象那样研究这种活动，因为哲学家的目标是表达性的（expressive）。社会科学通过表明概念为什么在此时而非彼时产生，以说明概念的形成发展；哲学家通过对推理关系的复杂追溯，力求清晰阐释概念的内容是什么。布兰顿的概念澄清被视为理性重建，与历史性高度相关，因此在一定程度上不同于努斯鲍姆的概念分析观。就布兰顿和伍德而言，虽然在哲学的实际概念上两人有一定距离，但都认同一种相当传统的哲学观，即认为哲学在研究我们的理性的本性和条件。他们都认为规范性的领域，理性的领域，就是自由的领域本身。对哈里斯来说，这相当于强调这样的事实：

————————

① 布兰顿：《研究指南》，载塞拉斯：《经验主义与心灵哲学》（Robert Brandom, "Study Guide," in Sellars, *Empiricism and the Philosophy of Mind*, 123）。

哲学家并不告诉我们"事情是怎样的"——这是科学告诉我们的;但科学对应当做什么是一无所知的,科学将实在还原为纯然的事实,也没有为自由人留下空间。伍德认为哲学是人性走向成熟的道路,因为人要为自己的思想和行为负责任。哈里斯赞同关于哲学事业的这一构想,他将为真理而真理视为自由的演练,但这种自由主要是一种对日常世界的自我超越或"道别"(leave-taking),而不是为了潜入洞穴之中,拯救那些仍然被束缚的人。

[21]

因为,那种哲学救援队的观念,忽视了以下事实:哲学家本人的自由仍然是被束缚的,其理解也只是不完全的。本书中各篇文章凸显了一种实际的悖论,这一悖论深入哲学的核心:哲学至少原则上旨在阐明和理性地批判一切基本信念和概念,但是,除非我们愿意非批判性地接受某些概念和信念,否则这一方案就没法实施。在前面我们注意到,对哈里斯来说,哲学不可能扩大到行动的领域,因为行动必须遵循实践的准则,而哲学准则仍然未经批判性的仔细审查。但是,理性批判本身就是一种行动,因此必须从认可接受某种准则开始。哲学可以撕裂黑暗,但哲学火炬的内部必定仍然隐遁于光明之外;哲学可以旨在让我们摆脱传统的束缚,但唯有通过将苏格拉底传统灌输于我们,才能做到这一点。正是因为这个原因,伍德说:哲学"永远不能成为它想要成为的东西"。哲学奋力追求完全的透明性,但这种透明性必定永远躲避着我们。在《会饮篇》中,苏格拉底说,哲学不是静止的东西,而是在两个不可调和的领域之间捕捉到的,哲学通过永恒的奋力追求,在张力中画出了自己的人生。诚哉斯言!

1 什么是哲学？

巴里·斯托德

我现在面对的问题是"什么是哲学?"。我的第一反应是:这个问题太荒谬。稍做反思,我发现这个问题是荒谬,但还比不上试图回答这个问题那么荒谬。然后就我个人而言,我意识到让我来尝试回答这个问题,就更加荒谬了。不过,现在既然已经到了这一步,从更为个人化的角度出发,我倒能够把问题稍做改变,不再是"什么是哲学?"而仅仅是"我是怎么理解哲学的?"但这仍然令人望而却步——"我是怎么理解哲学的呢?"——不过感觉上有下手的地方了。然而,很可能我所能给出的答案不会引起广泛兴趣。它会像一只跳蚤用自己区区之身忙个不停而发出的讯息,报道的是"我如何看待大象"。试图回答这个大而无当、非个人化的问题是荒谬或令人沮丧的,犹如试图回答像"什么是绘画"、"什么是音乐"一样。这当然不是说对此什么也不能说,其实这里面还是有些可靠的东西的。但是,对想得到答案的人来说,说什么才能对他们有所裨益呢?

首先,绘画、音乐和哲学都是历史性的人类活动。它们之所以是此时此地的样子,是因为它们彼时彼地的存在方式。在很大程度上,要理解它们,就要理解它们如何从以前的存在状态进入现在的存在方式。但是,我们一开始所问及的那些完全一般性的问题似乎只是问"它们是什么?"而且,如果某人是出于完全的无知而问及这样的问题,比如一位火星来客,要是告诉他绘画、音乐或哲学的某种类型如何导致了另一种类型,最终导致我们此时此地所具有的是何种类型,他不太可能对这类故事感兴趣。

这道出了试图回答那个完全一般性问题的部分荒谬之处:问及该问题的人到底想知道什么,并不是确定的。就人类生活来说,提问的人应当已经知道多少,尚不知道哪些?我们可以从何处开始试图告诉某人什么是绘画、音乐或哲学?例如,对一位从未拜访我们这个星球的火星来客,告诉他在地球这块地方,有些人画画,而绘画就是往表面上涂颜色,或者告诉他,我们所喜爱音乐就是作曲家以特定方式组织起来的有声与无声的序列,他或许会感到满意。在这种情况下,这样说合乎事实,但是,对于问及什么是绘画或音乐的人来说,要让他觉得比较中肯,这样的回答可能就不行了。对于"什么是哲学?"的问题而言亦复如是,甚至更个人化的问题"我是如何理解哲学的?"也是如此。

试图回答那个完全一般性问题的另一个荒谬之处在于,哲学是许多不同的东西,也是以许多不同的方式而被研究的。没有理由坚持认为哲学仅仅是一个东西,或者能够以某种明确的方式被概括或界定,即便对于那些人生阅历非常丰富的人来说也是如此。这就是为什么我把自己限制在"我如何理解哲学"的问题上。

但是，接下来的这个弃权声明把事情扯平了。例如，我既怀疑画家会谈论其绘画作品，也对他们的谈论没有太大兴趣。绘画的技术细节是精细的，材料和步骤也令人着迷，但要说起那幅画到底是"关于"什么的，或者那位画家到底在干什么，更不用说绘画在一般意义上是什么，我并不认为画家在此有什么特殊地位。最好的做法还是仔仔细细地观赏绘画本身。那才是该画作之所是、之所为能表明的东西，才是画家的创作行为所显示的（如果有所显示的话）。我对哲学的感受亦复如是。看看哲学家的个案工作要比倾听他谈论自己做了什么更好，也更可靠。哲学家对哲学的构想，或他的研究方式，只有在实际的作品中才能真正找到。因此，关于哲学是什么，或应该怎样研究哲学的表述，即便是哲学家作出的，我都感到怀疑。我以为，某个具体的哲学研究是如何进行的，这才是真正的哲学问题。进行该研究的哲学家对此并不必然拥有特殊有效的地位。

尽管我会记着所有这些限制，我还是能够试着说说什么是哲学或我如何理解哲学。说绘画就是往表面涂颜色，固然是事实，但没什么启发意义，因此，说哲学即思想这样的老生常谈也不过如此。哲学是对世界的极为普遍的各个方面的反思，特别是涉及或影响人类生活的那些方面。能进行哲学反思的是人，因此哲学反思可以说是自我反思的一种形式。但不是任何一种思想都是哲学，即便就那些包含或影响人类生活的极为普遍的各个方面而言，对它们的自我反思也并不就是哲学。正如并不是所有往表面涂颜色的活动都是绘画，所有有声与无声的有序组合都是音乐一样。

就哲学的特殊之处或独一无二的地方是什么而言，上述看法对此问题的回答虽然没有推进多少，但也确实告诉我们一些东西；不论哲学思维的特性或独一无二的性质最终会是什么，上述看法都指出了一些重要的方面。哲学并非在每一个社会或文化中都必然存在，当然也就不是都会繁荣发展，这一事实很重要，虽然并不总是得到承认。不过，每个社会或文化都必定有一套观念体系，该体系关乎事物在一般意义上存在的方式，以及它们是如何影响和未曾影响人类生活的。某些诸如此类的关于世界的一般构想和从人类立场出发的对自身的某些构想，对于全部人类生活而言，似乎是至关重要的，至少也是有普遍性的。 [27]

世人皆有一定的兴趣和关切，一定的恐惧和渴望，无论它们出现在何处，都以某种形式存在于人类生活当中。而且，人类还需要某种制度化或社会性的东西，以处理或追求这些自然的关切，为人类群体提供在某种统一性中共同生活的方式。这是一种文化之是、之所为的很大一部分。不过，我并不把所有此类文化形态的内容都算作哲学，也不将其中的每一个都看做是一种哲学。人与宇宙其他领域的关系，死亡与人的有限性，个人与他人互动的适当方式，就这些方面的基本特征而言，每种文化都拥有一些关于它们的思想和态度。哲学固然是关于这些方面的，但并非每一种全面理解它们的方式，甚至每一种思考它们的方式，都算是哲学。

仅从下面这个事实，就表明上述看法是显而易见的：无论是过去还是现在，都有许多社会，对它们来说，有比哲学更重要的东西。对人类生死、对人与世界和他人的关系的关切，必定在哲学能够产生的可能性甚至设想之前，就已经得到了关注。哲学只有在特定的社会条件之下才能存在或繁荣，而不

[28] 再是全部社会。但是，如果社会正处于最危急的形势下，虽然并未给哲学留下什么位置，却也需要某些共同的理解和观念，它们关乎自身以及自身与世界其他领域的关系，目的是使社会团结一心，正常运转，那么，此类哲学观念的出现也并不必然等同于哲学。

显然，与哲学发挥作用甚至繁荣发展所必需的最低条件相对照，要想让社会支持哲学，或为之留出空间，这个社会必须相当发达才行。哲学需要相当有利的社会条件，相对较高的经济发展水平，起码要对某些人提供这些条件。但是，仅有这样的条件也不能够保证哲学在该文化中取得正式的地位。当然，哲学活动可以在正统文化之外，甚至与之相左，但这只会发生在昔日的哲学思考传统尚未消失殆尽的情况下。不过，即便如此，也很难做到，而且最终不会导致哲学领域的繁荣，能做到的也许只是在更有希望的时代到来之前，以某种方式保持住该传统。

那些讨伐哲学或试图压制哲学的高压国家，会把那些业已失业的疲惫不堪的哲学家变成扫大街的或洗窗户的，但这些国家并不缺乏一套想让其公民共同具有并指导生活的观念体系。这些国家宣传的学说是一些一般性的观念和原则，其内容涉及人类生活的目标和价值，以及如何以最佳方式获得它们。但是，我并不因此就认为这些观念和原则是哲学。即便它们可以被称为"哲学"，至少试图推行它们的国家会这样做，但也并不意味着这些国家、甚至接受并遵照这些观念而生活的臣民，是在支持或从事着哲学。

社会不仅必定要相当发达，而且自身要相当宽松，才能为哲学提供正式的位置，让哲学提供最好的结果。就现在而言，

对我们来说,至少就系统性和公共性而言,除了大学可能做到 [29]
这一点,很难设想还有别的什么地方。当然并非一直如此。
大学与我们相伴的时间当然要少于哲学陪伴我们的时间。但
是,皇家和贵族(或任何形式的私人)充当庇护人的时代已经
一去不复返了。如今许多哲学领域内的研究是由大学之外的
各种社会赞助形式所支持的。那些明显用于紧迫的国计民生
用途的资源有时候也能光顾哲学家。这是发达国家的一个标
志,甚至是我们西方文化的文明程度的标志。当然,这也可能
是我们的社会对待某些紧迫社会问题的态度的标志,但是,现
如今大学才是哲学繁荣发展的地方。

这在我看来是好坏参半的。说这是坏事,因为大学正在
日益职业化,大学拥有的是日益职业化的哲学。在我看来,这
使越来越多的哲学枯燥无味、空洞乏味、令人腻味。制度要求
于个人的东西,就是让制度自食其果的东西。君不见现在即
便是最好的大学,对每个教授所要求的基本上都是出版发表
的数量、在专业文献上的被引频率和被广泛鉴定的职业声望,
以及令人印象深刻的简历上的其他量化手段。这也就是哲学
教授总体上所提供的,我认为这是对哲学的损害。

不过,哲学与大学的联姻也是好事。这为哲学研究提供
了位置,如果也提供了明智的领导,那么哲学就会在它能够繁
荣发展的条件下得到研究。哲学需要教学,需要公开说出清
楚分明的东西,既让这些东西易于被别人理解,也使之得到批
判性的评价。只要所采取的形式能让参与教学活动的人接
受,教学就是在传播这个学科、这个传统。大学还提供了长期
思考并以新的方式思考问题的自由,即便这些方式并未表明
其社会效益。哲学工作(即使是那些看上去毫无用武之地的

工作）得到了大学的正式支持，从而得到了整个社会的正式
支持，而且这些都不是因为大学或社会指望它获得的特定结
论。哲学活动应当继续下去，这比它应当获得这样那样的特
定结论重要得多。以业已获得的结论或确立的命题的形式出
现的结果，并非实质性的东西。

依我之见，这是好事，因为我并不认为哲学是一套结果或
学说，也就是说不是业已获得的结论或确立的命题。每一个
社会或文化都需要一些观念、信念或学说，以便赋予其成员的
生活以意义和方向，这没错。而且，接受某个信念或学说，或
者支持某种意识形态，也都是某种思想形式和思维方式。但
是，这种思维方式不是哲学的思维方式；倒不如说，这种思想
方式可比做哲学的缺席，也就是说，这恰恰丧失了哲学处于最
佳状态时的宝贵财富。

宗教也是一种思维形式，也的确与人类休戚相关。但是，
我认为宗教信仰或宗教思想亦非哲学或哲学思想。我刚才说
过，它可与哲学的缺席相比，即便那些包括信念、态度和规则
的思想亦复如是，不管这些信念、态度和规则是否建立在关于
人与世界的一般性思想的基础之上。有些思想和信念表达了
关于世界的构想，即信条（creed），但在我看来哲学并非信条，
也不是去发现或创制信条的努力。

我认为，促使人们探求哲学的态度或动机不同于典型的
宗教态度或倾向。哲学家在根本上是不与世界和平相处的。
作为哲学家，他并不认为自己最终能够以某种方式得到妥善
保护，获得安全，因此也不愿默认那些不经理解就能够或必须
被接受的东西。当然，哲学家也像其他人一样，在面对事实的
时候，是必须默许服从的，至少面对那些不可能以别的方式产

生的事实时必须如此。但是,哲学依赖于恒久的好奇心,依赖于无尽的探求。哲学源于一种希冀和尝试,力图把握世界的 [31] 本然状态,把握世界向我们展现的面貌,但困难在于得到正确的或在理智上令人满意的世界观。

对我个人来说,哲学之所以有趣且富有挑战性,只是因为不存在自来世观万物的神学解释。即便我真的认为存在这类神学解释,我相信我也不会发现,对这些问题的严肃思考,会像哲学所能做到的那样有趣和有益。这类神学解释的努力会因一种认识上的困难而告吹,即上帝或其他任何被认为是主宰者的东西都具有的根本不可思议的方式,我们的领悟力对此能有多大指望呢?

但是,即使我热衷于诸如此类的思想和信念,而且它们对于我自己的生活方式而言也确实重要,我也不会认为,在接受它们的时候,我是在从事我所认为的哲学活动。这并不是因为我认为关于这些思想和信念的哲学毫无价值,或者它在我们对世界和生活的态度和关系上毫无效果,我只是想说,我理解的哲学不同于上述哲学,其效果也是以另外的方式产生的。哲学并不是要获得一些结论,这些结论可以应用于或运用于指导、安排我们的生活。哲学是思想,是反思,从事哲学纯粹是为了理解一些东西,只是为了发现那些困扰我们的世界的各个方面究竟是怎样的。即使从事这一事业的每一个个人的生命终结了,这一活动在一定意义上仍是没有穷尽的。但这并不意味着它没有产生任何东西或任何效果,而是说,当这些效果出现的时候,它们所采取的形式并非揭示一些结论或学说,用于引导或指导人们生活。

我说我所理解的哲学既非信条,亦非对信条或一套学说的探索，因此也不是社会或政治的信条或意识形态，不是宗教信条或一套宗教态度。我的意思还包括：哲学也不寻求那些可称之为哲学信条或一套哲学学说或论题的东西。我所理解的哲学绝非一些学说或真理，而是一种活动，其中心或目标也不是去发现这样的哲学论题或学说。

在这个意义上，如果按照20世纪物理学，或当今的化学或分子生物学或17世纪物理学等来理解，就不存在诸如20世纪哲学、18世纪哲学这样的东西。当然，在上述科学领域中既有大量不一致和不确定的地方，也有大量导向不同方向的活动。而且，在它们的每一个发展阶段皆是如此。但是，当前所有物理学家或化学家都知道的东西却是存在的，这就是这些学科赖以建立的一套学说，可被称之为物理学真理或化学真理。我并不是说该学说从未发生变化，而只是说存在着一套物理学家或化学家共同赞成的公认真理。这就是当前的物理学或化学的核心内容：在物理学或化学上说，什么是如此这般的。正是在这个意义上，我认为不存在一套哲学学说或哲学真理这种东西，即在哲学上说，什么是如此这般的。现在没有这种东西，过去也没有。

许多人会同意我的理解，因为他们很乐意指出，哲学根本没有进步，哲学家也从未对任何事情、至少为数不多的事情达成一致。之所以这样说，是因为哲学家的好辩习气根深蒂固，或许甚至天生如此；也是因为他们的问题不真实，这是由于哲学中既不存在事实，也没有证实或证伪其论断的方式。就此而言，即使许多哲学家就某事达成一致，也不过如此而已；因为这只是广泛的一致，而不是发现了哲学事实或真理。

如今在一些圈子里，就理解事物的全部理智努力而言，把我刚才描述的哲学观说成是正确的。这种哲学观认为,即便在物理学或化学中,也不存在任何类型的事实或真理,只是某些领域中的一致比其他领域更广泛而已,因此我们才在物理学和化学以及诸如此类的领域中谈论"事实"或"发现",而不是在政治、道德或哲学中谈论。这种用法本身则被绝大多数人一致认为是相当特别的。

[33]

　　这种更一般性的观点——要是能这样称呼的话——毕竟或许能让哲学显得不那么糟糕,至少相比而言是这样。这表明哲学区别于其他理智追求的,仅在于其中发现的一致的数量是多少。这甚至会让哲学家显得很光彩:在这种观点看来,众多的物理学家、化学家和数学家小心翼翼地沿着似乎日益增长的共识展开研究,与他们相比,也许哲学家更加英勇无畏,其思想也更加独立。但是,这个关于人类思想的时髦观念的不幸故事,我不想再多说了。

　　至于为什么不存在一套学说或已发现的真理的某个核心,能够代表 20 世纪哲学甚至 18 世纪哲学的成果,我认为还有另一种解释,即我认为与物理学、化学或其他致力于认识世界的方式相比,哲学恰恰不是与之同类的事业。当然,在特定的一时一地,确有某些主题或问题支配着哲学,也确有某些处理这些主题或问题的方式占主导地位,然后又让位于其他的主题或方法。但是,这些都是旨趣、思路和步骤,而非结果。它们并不包括这样一种基础性的核心:这个核心既是任何在特定时间和地域研究哲学的人认识或接受的,也体现了哲学的成就所达到的高度。

　　哲学作品当然有其传统,正如绘画和音乐皆有传统一样。构成这一传统的是作品而非被认可为其结论的东西。这就是

[34] 为什么哲学与绘画和音乐一样,必定要依特定的时代、至少部分地以历史的方式来理解。要理解这些问题及其关键所在,除了看清楚它们的来龙去脉,前因后果之外,别无他途。

对绘画史来说,过去的必要性,传统源流的必要性,自不待言。画家作画,自有回应先前画作的意图在里面。安德烈·马尔罗①生动描绘了这一耳熟能详的观点:

> 每一位伟大艺术家在解释为什么天将降大任于斯人的时候,常常追溯到接触某个特定艺术作品时迸发出的情感,这是发人深省的事实。说某人出乎意料地感觉到一种冲动,要"表现"某个场景或惊人事件,这是我们闻所未闻的。据一则流传已久的故事,说有一次契马布埃看到放羊娃乔托在地上画羊,②甚为震惊,赞赏不已。但

---

① 安德烈·马尔罗(André Malraux,1901 年 11 月 3 日—1976 年 11 月 23 日),法国著名作家、知识分子,曾任戴高乐时代法国文化部长,且被提名诺贝尔文学奖候选人,代表作小说《人类境况》(LaConditionhumaine),以详述 1927 年蒋介石在上海"四·一二"政变为内容,颇受好评,且因此著作荣获 1933 年当年法国龚古尔文学奖作品。死后葬于法国巴黎先贤祠。——译注

② 契马布埃(Cimabue),原名本奇维尼·迪·佩波(Benciviene di Pepo,1251 年之前—1302)。佛罗伦萨画家和装饰艺术家。据载在 1272 年已是罗马大师级画家,据说他师承一位意大利一拜占庭画家,因而受希腊拜占庭风格的强烈影响。虽然相传有许多作品是他所作的,但仅有一幅载有日期,即比萨大教堂的镶嵌画《传福音的圣约翰》(1301—1302)。他是那一代的杰出大师,并开始转向现实主义,这种风格在文艺复兴时期达到高潮。他的风格影响了乔托和杜乔·第·博尼塞纳。契马布埃是其绰号,意为"固执的"。乔托(Giotto di Bondone,1266—1267/1276),首位意大利伟大的画家,活跃于佛罗伦萨。曾在阿西西、罗马、帕多瓦、佛罗伦萨和那不勒斯等地为礼拜堂和教堂绘画。乔托在世时享有很高的声望。他打破拜占庭艺术的不具人格的形式化风格,引进自然主义和人性、三维空间及三维形式,被推崇为欧洲绘画之父。其后,意大利的绘画被其学生及门徒支配。

是，在真实的传记中，激发乔托热爱绘画之灵感的，不是羊，而是他第一次看到像契马布埃这样的名家绘画作品。在他的青年时代，深深打动他的与其说是艺术作品描绘的事物，不如说是他对艺术作品的视觉体验，正是这种视觉体验将乔托塑造为艺术家。①

我相信，这也适用于哲学。摩尔②在其自传中曾记述过，他认为对他来说"从事哲学思考的主要刺激"来自"他在与人交谈中听到的某些哲学论断"。他说："我并不认为世界或科学向我提出过什么哲学问题。向我提出哲学问题的是其他哲学家关于世界或科学的谈论"。③ 这常常被引证为摩尔及其哲学的缺陷或局限，实际上有时候还被视为所谓分析哲学或语言哲学总体上的缺陷或局限。因为据称这揭示了那种哲学的肤浅、派生甚至寄生的特征，其学术源头或专业来源何等枯竭，与"真"问题的距离何其遥远——因为真问题是世界向那些好学深思、心思细腻之士展示出来的，这样的人满怀热情，直接投身于世界之中。不过，相反，我认为摩尔的说法恰恰表明了他的敏锐与诚实。无论我们认为摩尔作为哲学家的局限性是什么，甚至他的思想盲点在哪里，但在这件事上，他反而不是盲目的，也没有被局限住。他对自己的记述，我相信大体上也适用于哲学。我感到有趣的是，许多哲学家会否认这一

[35]

---

①　马尔罗:《寂静之声》(Andre Malraux, *The Voices of Silence*, trans. Stuart Gilbert, Princeton: Princeton University Press, 1978, 281)。

②　摩尔(George Edward Moore, 或 G.E.Moore, 1873 年 11 月 4 日—1958 年 10 月 24 日), 英国哲学家。——译注

③　摩尔:《自传》(G.E. Moore, "Autobiography," in *The Philosophy of G.E.Moore*, ed.Paul A.Schilpp, La Salle: Open Court, 1968, 14)。

点，以为承认这种观点在他们身上是真的，就等于贬损他们，再浅陋不过了。

当然，这些哲学家会让步说，如果想从事哲学研究，那么逐渐熟悉哲学，从中学到一些东西也是必要的。但是，许多人也许会承认，今天的绘画或音乐来自它们的过去，离开了历史，就无法完全理解它们，但这些人不会以类似的方式承认他们的哲学研究源于过去的哲学。许多哲学家说，他们只是对解决某些自己呈现出来的问题感兴趣，或者，他们感兴趣的只是理解某些现象，针对世界的某个方面提出正确的理论。他们不关心历史上就这些主题都说了什么，尽管他们承认，其他人，甚至试图从事哲学的其他人，也许会对这些哲学史的问题感兴趣。

例如，蒯因就评论到：人们出于两个原因研究哲学，有些人是因为对哲学史感兴趣，有些人则是对哲学感兴趣。他会把自己归入第二类。不过，蒯因基本上对哲学史研究不感兴趣这一事实，并不意味着他的哲学研究处于哲学传统之外或无视这种传统。事实上，蒯因对哲学史知之甚多。只不过哲学史对他来说就是卡尔纳普或罗素和怀特海的《数学原理》。他对二者极为了解。他的哲学总体上是对二者的回应。他从刘易斯（C.I.Lewis）那里也获益良多，或许超过他愿意承认的程度。这同样适用于某些理论家，他们宣称自己的工作只是把自己的心智引向公共世界的各个问题领域，此时他们的心智已然在哲学上解除了镣铐，差不多可以中立地描述这个公共世界。

[36]

哲学理论家人数众多，哲学理论和学说也层出不穷。这就是说，许多哲学家描述了他们以何种方式在做什么。令摩尔困惑的是,这些哲学家言说的东西与人人皆知的日常世界中的事实有怎样的关系。对我来说,这就是正确的问题类型,可以让我们对"哲学论题"、"学说"或"结论"之类的东西发问。对于在哲学之外人人皆知的东西或存在的事实而言,上述论题、学说意味着什么呢?比如说,"时间是不真实的",这是否意味着我并不是在起床后吃早饭呢?如果是,既然我今天早晨确实先起床后吃饭,那它岂不是完全错了吗?我认为,当哲学家们提出并坚持研究诸如此类的问题,即便是关于所谓哲学理论自身的问题,也是令人振奋的。

我之所以说这是发问的或起码也是由此开始着手的正确问题类型,是因为这种类型促使我们质疑"哲学"论断、学说或理论的性质本身。这也是在探索我们的问题——"什么是哲学"——的方式,而且可以说是从基础层面开始的,因为这种做法将自身置于特殊的实际情形当中。不过,许多哲学家忙于创制或至少是在追求哲学论断或理论,对他们来说,这倒不是他们太关心的。但对许多哲学家来说,这又是非常重要的,因为这些人要拥有某种立场、学说或理论,并让自己去支持这些东西。如今,至少在英语世界的哲学哲学而言,这种问题类型似乎占主导地位。我们建构或提出理论,而哲学讨论则相当于将各种立场或理论置于竞争对立的地位。尽可能坚持自己的理论,只有在对立的理论似乎赢得优势的压力下才调整自己的理论,在市场竞争中努力让自己的理论争取最大的回报,这似乎被认为是优点。 [37]

这一点对职业工作有很大促进。每 位从业者都有适合于自己的研究主题的定位,因此也获得职业上的身份。每一位选手的计划所具有的相对而言的成功,都可以具体规划到一定程度。这副图景似乎以某种明显是神话一般的设想为模型,即关于真正的科学如何向前发展的设想,如今又为这一神话进一步增加了经济学上的隐喻。这就是说,如今在哲学中,"买进"(buying into)这种或那种理论、"主义"或"研究项目"的股份,对此我们已经耳熟能详了。我在繁荣的 20 世纪 60年代,第一次走进加州大学的时候,研究生里要是谁有了新观点或有前途的建议,就会说:"那个我买了。"现在,他们当中绝大多数能负担得起的只是买进股份了。比方说,他们准备好把自己的钱投进与"实在论"相对的"反实在论",投进与"内在论"相对的"外在论",然后努力保护自己的投资,对付一切入场者。

这有时候也会产生有价值的新东西。综观整个哲学史,哲学甩掉了许多问题和纲领,而它们则成为独立的主题,有的甚至自己就成为一门科学。牛津大学的物理学教授席位至今仍被称为"自然哲学"讲席,但并不属于哲学的二级学科。这或许可以作为一个理由解释哲学中为什么没有结论这一事实,也就是说,一旦有了真正的结论,也就不再算得上哲学了。

但是,我认为,如今在如何推进哲学的问题上,许多人坚持职业化的、科学主义的想法,这实属不幸。许多纯然智力上的成就,尽管也给人深刻印象,但在我看来仍然不令人满意,甚至是非哲学的,起码其哲学性质是不够的。用我前面所使用的术语说,这在某一要点上堪与哲学的缺席相比。这导致了我所认为的一种自鸣得意,甚至是一种盲目,而不顾仍然在哲学上十分重要的东西。我并不是说那些最出色的构造理论的哲学家为捍卫其理论而自鸣得意,或对可能危害其理论的反对意见视而不见。但我认为,在哲学的进取心和穿透力上,他们急于驻足不前了。哲学论点或哲学理论相当于什么? 采取或接受这种论点或理论意味着什么? 在这些方面,他们的批判性仍然不足。这使哲学的理论活动看起来太像接受某种意识形态、信条或宗教了。因为所谓"接受"这种态度本身,某学说或理论"被接受"这种状况本身,并没有被纳入哲学的考量。于是就想当然地肯定我们已经明白了哲学学说或理论是怎么回事,问的也只是我们接受什么学说,拒斥什么理论了。

我以为这是不令人满意、不够哲学的,因为我认为,以这种方式想当然地接受的东西,是我们并不理解的东西:我们这些哲学家在从事的这种事业是什么? 我们能够指望从中得到什么? 这是"什么是哲学"这个问题的一种形式,也是针对哲学本身的问题。别人谁还会提这样的问题? 关于世界这方面、那方面的哲学理论不会提出此类问题,它们不过是问题所问及的那个东西的例证罢了。这样的问题是我们想去理解的,但做得还不够好。

要想澄清和理解哲学理论或哲学论点是什么,哲学问题的解答说的是什么,或意味着什么,唯有当它们回答的问题或它们打算解释的现象得到澄清和理解之后才是可能的。但是,这些问题,或引发这些问题的构想本身就是思想的结果,即以特定方式思考事物的结果。而且,要理解这些问题,甚至在尝试回答它们之前去理解,我们必须确定和理解这些思考的方式,进而予以评价。但是,这些思考方式至少部分是以往哲学思考的产物,我们也必须确定和理解这一产物。我认为,唯有如此,方能逐渐了解,在哲学中我们是在做什么。我们必须把握这种所谓的问题的来源,认识到它们来自何处,为什么 [39]

采取了实际呈现出来的形式。对于那些忙于回答问题、解决问题、就迄今为止成问题的现象而创造理论的人来说，这就是我认为他们忽视的东西，或是完全视为已知的东西。

我认为，这恰恰是在哲学中我们不能再视为理所当然的东西，也是自康德的时代以来许多理论尝试解释的东西。时至今日，这些理论的有效性已遭拒斥。这种结果固然无可厚非。但是，用科学主义的口号取而代之，则不是进步。我们现在所需要的，是更细致地观察实际的发展状况，但不能笼而统之，而要细致入微。我们有必要了解哲学问题因何而生，从而理解尝试解决这些问题的论述具有何种特性。

我现在所推崇的这种哲学上的态度或好奇心，人们有时候用"治疗性的"（therapeutic）一词来表示；但这个词不够恰当，也没有捕捉到我的想法。维特根斯坦的确说过，哲学中有不同的方法，"正如有各式各样的治疗法一样"①。但这也许只是说（考虑到蹩脚的语法的可能性），哲学中有不同的方法，正如精神疗法中有不同的治疗法一样。这并不意味着在哲学中各式各样的做事情的方法，都是治疗法。基于这种解读，维特根斯坦的那句评论只相当于一句谚语：剥猫皮的方法不止一种。②

---

① 维特根斯坦：《哲学研究》，第 133 节（Ludwig Wittgenstein, *Philosophical Investigations*, trans. G. E. M. Anscombe, New York：Macmillan, 1953, § 133）。

② 这句谚语的意思是：要想达到相同的目标，可以有多个办法。这句谚语的历史可以追溯到 1678 年约翰·雷（John Ray）的英语谚语汇编，其版本也有多种，如"there are more ways of killing a cat than choking it with cream"等。Mark Twain 在《康州美国佬在亚瑟王宫廷》（*A Connecticut Yankee in King Arthur's Court*, 1889）中也曾使用过："she was wise, subtle, and knew more than one way to skin a cat"。——译注

就猫而言,剥猫皮这一目标不存在任何难理解或不确定的地方:要么以完全剥干净皮而告终,要么没有剥干净。不过,即便在精神疗法中,什么东西类似于那只被剥了皮的猫呢?而且,如果你认为在精神疗法中,你能够预先确定清晰的目标,并能够用几个不同的治疗收到实现这个目标,那么,在 [40] 哲学中与之类似的东西是什么呢?在哲学中,我们设计出不同的方法,这些方法所要达到的一致目标是什么?"治疗性"这个术语过于强调可辨认的结果了。我更倾向于"诊断式"(diagnostic)这个词。哲学家现在所需要的是诊断或揭示那些哲学家们视为其问题或疑问的东西,以及理解他们认为哲学应当阐明的事物类型的本性和来源。

维特根斯坦还说,依伊丽莎白·安斯康①的译文:"哲学家对问题的处理就像对疾病的处理一样。"②这暗示哲学家(或维特根斯坦认可的哲学家)处理哲学问题犹如处理疾病,甚至是他认为哲学问题就是疾病。我认为这种看法不妥。治病毕竟是去除疾病,所以才有治疗(therapy)或治愈(cure)之念。而我们看到,维特根斯坦还说过,有多种不同的治疗法,我们能够用多种不同的方式清除某种东西云云。倘若真的有"哲学方法",它们为什么就比其他起作用的东西更好呢?最好的并不是首先获得结论。对于哲学问题也可以这样处理。基于这种解读,维特根斯坦就会主张,没有哲学了,也不会有

---

① 伊丽莎白·安斯康姆(Elizabeth Anscombe, 1919—2001),英国著名分析哲学家,师从路德维希·维特根斯坦,是维特根斯坦《哲学研究》的英译者,代表作有《意向》(Intention)等。

② 维特根斯坦:《哲学研究》,第 255 节(Ludwig Wittgenstein, Philosophical Investigations, trans. G. E. M. Anscombe, New York: Macmillan, 1953, §255)。

什么损失。

　　我以为，要理解维特根斯坦的评论，就得另辟蹊径，即让其评论更接近于我认为我们现在需要的（或需要复活的）哲学或哲学活动的观念。这种方式为哲学腾出了地方。维特根斯坦的德语原文是："Der Philosoph behandelt eine Frage；wie eine Krankheit"；或可译作："哲学家处理问题；就像疾病（得到了处理）"。重心放在了动词"处理"上。哲学家处理（treat）问题；医生诊治（treat）疾病。在这两个情形中，相对应的是做了什么，而不必定是所处理的对象。

[41]　　那么，一种疾病怎么才算被处理了呢？首先，也是至关重要的，必须确定这种病是什么病。我们会问："准确地说，我们现在获得什么了？如何将它与其他极其相似但又不同的疾病区分开来？"如此一来，这些症状就要得到诊断：它们是哪些疾病的症候？什么东西潜伏在其下？情况发展到何种程度才使这些症状此时此地以这种形式暴露出来？治疗和治愈的时机只能在解答了这些问题之后才能到来。关键是治疗始于鉴别（identification）和理解，要治病就要理解其来龙去脉、前因后果。我们是从其何以产生理解其何以如此的。

　　处理问题与回答问题不同。回答问题也许是最坏的对待问题的方式了。我以为在哲学中也是如此。在理解问题是什么、从何而来之前而去回答问题，何异于在不确定病症就开始治疗呢？这样做只能使事情更糟糕，当然也使诊断和理解更加困难。要理解哲学论题或理论是什么，我们就必须理解问题的本性和根源，因为它们就是对这些问题的回答。要理解这些问题就必须确定和理解其根源。

　　我的意思并不是说，我们必须总得探求其时间上的或历史上的根源。某个问题现在对我们有特殊意义,我们就需要确定使其成为这样的问题的假定、需求、先见和目标。这种需要并不意味着回到哲学传统的更早阶段。回应此问题的特殊的心智框架就是我们现在所凭借的东西。这并不意味着这一心智框架因此就容易确定下来。但是,倘若哲学在一定程度上总是对以往哲学的回应,我们能相当确信的是,现在那些在我们这里的似乎并无争议的问题的根源,就是更早哲学活动的产物或对世界的更早的思维方式的产物。之所以我认为哲学与哲学史不可分割,原因就在这里。不过,并不是每一次探 [42] 索哲学问题来源的特殊尝试都必须让我们在时间中往回看。重要的是立刻理解问题或难题的起源和特性,无论这些问题采取何种形式。

因此,在我看来,哲学探究应当以这种方式扩展为哲学本身的过程或活动。要完成这一任务,不屈不挠的自我意识是不可或缺的。我认为,只有把哲学式的自我反思运用到自我反思的步骤和成果本身,才能够揭示出哲学是什么,哲学能够提供什么。但是,仅有哲学活动本身是不够的,总是还有更多的东西需要反思或开始探究。总会有某种东西,我们要去思考,要努力去理解,世界也总有某种现象或某个方面是令人困惑的。这就是说,必定有某种要去反思和诚实面对的“材料”,即便它们只是问题将其自身呈现给我们的方式,或是我们感到的以特定方式理解事物的需要。必定有某些我们已知的东西,或是如此这般存在的东西,或是我们可思考而无法否认的东西,它们比哲学的理论化活动所能侵蚀的任何东西都更坚固。

在这里,我并不在谈论类似知识“基础”或“自明真理”之类的东西。我指的是我们作为成熟的思想者和行动者，位于公共世界之中，所抱有的事实、信念和态度，也就是我们作为主动的、有感情的人，参与或服从的东西，而且是哲学或许应当以某种方式去阐明的东西。必定有某种东西，用托马斯·内格尔的话说，我们在"直截了当地思考"它们。必定有某种东西虽与我们密切相关，却不是哲学，但以哲学的方式反思此类事物时，我们必须有力量面对哲学反思，承认并坚持而不是歪曲或否认它们。否则，哲学思考所能拥有的任何意义和兴趣都将失去。

[43]

这就是我发现摩尔可敬可佩的地方，尽管他对在哲学上攻击这些事物会导致何种结果的认识有局限性。在摩尔那里，实际上并没有哲学上的诊断结论，只有毫不动摇地坚持认为这是真的、那是假的以及我们都知道的这样那样的东西。就此而言，这在哲学上可能并不令人满意，在摩尔那里似乎也是如此。因为这似乎既浅薄又缺乏悟性。但是，至少在当下，如果没有这种参与和对某些东西的坚持不懈，没有我们毫不动摇地认为如此这般的东西，那么对其自身的哲学上的自我反思，就极易变成彻头彻尾的自我关注，利克斯①称之为"自我陶醉的退化"（narcissistic regression）。如果我们仅将关注焦点放到我们现在倾向于说的东西上，放到我们为什么倾向于说、为什么我们倾向于谈论我们当下的倾向等，那么，剩下的不过是单纯的表演（play）而已。这就是说，除了在此前的回应中所使用的修辞手段所具有的修辞效果，还有什么可思

①　克里斯托弗·利克斯（Sir Christopher Bruce Ricks, 1933）系英国文学批评家，长期执教于美国波士顿大学和英国牛津大学，以维多利亚时期诗歌研究见长。——译注

考的呢？这样一来,我们也就丧失了我们的思考与世界中的任何其他东西(特别是那些举足轻重的东西)之间的关系。这就真的变成(再次借用利克斯的表述)"理智敢死队"(Kamikaze of the intellect)了。①

因此,我认为,在哲学中,我们必须观察每一个问题、难题和现象,当它们向我们显现出自身的时候,真诚地回应它们,而不是否认或取消那些的的确确不可能否认或取消的东西。未经仔细审查,我们不能简单地接受它们;根据某些相当一般性的理论信念,这些信念事关哲学问题的或精心设计的或偶然出现的根源,而简单地将问题宣布为伪问题,将所描述的现象宣布为虚幻的,这样做也行不通。我们必须严肃对待具体的难题,仿佛它们能让我们感同身受一般。我们必须参与到哲学思想当中,而不是仅仅对哲学思想品头论足。 [44]

如果我们着实这样做了,那么收获了什么、能够期望收获什么呢？我要重复说一遍,我认为在一般性上,说不出什么有启发意义的东西。如果我们坚持我们对世界的依附(attachment),就能够希望在具体的情形上至少获得更锐利的眼光,从而获得更丰富的评判能力,以把握日常世界方方面面的细节和复杂性,恰恰是这些方面产生了对它们的哲学反思。通过认识到对事物孤立的、理论性解释所带来的各种歪曲,甚至是根本不可能的解释,我们会开始更好地评判哲学事业所追求的目标。不过,这种依附于世界的视角,我们永远无法获

---

① 利克斯:《T.S.艾略特与偏见》(Christopher Ricks, *T. S. Eliot and Prejudice*, London:Faber and Faber, 1994, 21, 90.)【Kamikaze,本义为神风特攻队队员,即第二次世界大战期间受训撞击军舰进行自杀性攻击的日本空军飞机驾驶员。——译注】

得,但认识到何以如此倒可以提供给我们一种独特的对人的
理解或自我理解,或许这是我们真有希望获得的最好的或唯
一的理解方式。

　　但是,要想让希望成真,我们就必须参与到哲学活动当
中,这是我的主要观点。没有捷径可走,没有公式可循。因
此,对于这个完全一般性的、孤立的问题——"什么是哲
学"——我要说的是:"不要问,也不要说。"这是一个需要被
处理、而不是被回答的问题。试图以一般性的形式回答这个
问题,注定不会有进展。你要观察哲学的具体个例,若能从事
一些哲学研究则更佳——也就是思考某个问题并努力打破砂
锅问到底——然后再问问自己:我在做什么。我们要问的问
题是:"在这里,我们究竟说出了什么,作出了什么,世界的这
种或那种不可否认的事实中蕴含了什么?"我认为,唯有当我
们这样做的时候,每一次都有哲学冲动产生,或有哲学观点推
进,哲学才有极大的希望。当你自己的思想以你自己的声音
有所推进的时候,哲学才最有希望。

2　寻求自身的哲学

卡斯顿·哈里斯

　　什么是哲学？这个问题由哲学家提出，就透露出一种不自在。化学家不会以"什么是化学"为主题开研讨会。天文学家也不会以"什么是天文学"为主题开研讨会。另外一边呢，如今艺术家远比哲学家更关注他们正在做的事情到底是怎么一回事。那么，我们这个讨论会的主题本身是否意味着当今哲学在一些重要方面上更接近艺术，而不是天文学呢？当然，曾几何时，事情大不一样。在起源上，天文学和哲学紧密联系：第一个哲学家泰勒斯也同时是天文学家。但为什么如今在哲学和天文学直接，也就是哲学和科学之间，会有这样的鸿沟呢？

　　什么是哲学？这个答案本该是容易的。在座各位发言者都是哲学家。那么，第一个答案便是：我们可以看看哲学家从事的是何种工作就可以了。好，是何种工作呢？哈里·弗兰克福特①曾主张："哲学家唯一不可改变的就是对真理的承

────────────

① 弗兰克福特（Harry Frankfurt, 1929—　），美国哲学家，现为普林斯顿大学荣休哲学教授。主要研究道德哲学、心灵和行动哲学以及 17 世纪理性主义。

诺；如果你不喜欢这种说法，也可以说是对一个不清晰的问题
集合的训练有素的、富有自我克制的探究，这个大体上界定的
集合所包含的问题被确定为哲学问题。这就是哲学家应该去
做的事情。"①但是，在座的各位谁在进行这种确定与认定的
工作呢？哲学家应该去做的究系何物呢？上面第一个表述，
即"哲学家唯一不可改变的就是对真理的承诺"，并没有提供
多少线索。比如说，哲学家比天文学家或者生物学家更致力
于探索真理吗？如果说哲学家确实不只是致力于探索真理，
而是致力于探索唯一真理，那么这意味着科学或历史所探求
的许多真理就被排除在外了。哲学家在寻求更为本质的真
理。但是这种真理是什么呢？大概不是关于某颗行星的内在
组成成分或生殖的机制之类的真理，即使这些问题哲学家曾
经极为关注。如今，我们会求助于科学家来回答这类问题，这
提醒我们，我们对哲学家任务的理解不可避免地被科学进步
蒙上了阴影，许多问题的解决曾经为哲学家所关注，但如今这
些假定责任被科学承担了。正如摄影的发展向认为艺术是再
现实在的理解发起了挑战一样，自然科学的发展也使哲学是
再现实在的理解受到质疑。我们已经不再通过哲学来了解事
实是怎样的了。如果当今的哲学家真的致力于探索唯一真
理，这种真理很可能与科学所追求的真理大相径庭。

　　但是对绝大多数哲学家而言，真理有多重要？我做晚餐
时挑了一种新的蘑菇，努力确保我没有选择那些有毒的品种。

---

　　① 哈里·弗兰克福特：《关于马丁·海德格尔的"总结性讨论"：政
治、艺术与技术》（Harry Frankfurt, "Concluding Discussion," in *Martin Heide-
gger：Politics, Art, and Technology*, ed. Karsten Harries and Christoph Jamme,
New York：Holmes and Meier, 1994, 258）。

在这样的情况下,选择是否正确就是生死攸关的事情了。这些利害对哲学家也那么重要的吗? 或许重要与否取决于与他所关切的那种真理是否有联系。有些纯然实际的真理对我们日常生活十分重要,有些真理对科学家十分重要,与之相比,哲学家关切的真理大不相同。

但是,对哲学家来说,拥有唯一真理真的是最重要的吗? [48]毕竟,一旦拥有,哲学家就会失业,哲学也会终结。哲学家的活干完了。在这个意义上,克尔凯郭尔曾经引用过莱辛的话,他引用时大概正想着黑格尔,因为黑格尔体系所应许的完成一度有导致哲学终结的危险:"假若上帝的右手握着所有真理,左手握有唯一的、不断躁动的追求真理的冲动,而且带有时时甚而总是使我陷入迷误这一附加条件,然后对我说:'选吧!'我会恭顺地扑向他的左手,并说:'我父,给我吧! 纯然的真理只属于你自己!'"①设想哲学最终拥有真理、完全的体系和完成了的真理大厦,这种想法不可避免地成为是巴什拉所说"严重的糟糕思想",他所谈及的是最终建成的梦想家宅的思想:"宁在暂时(impermanence)中活,不在终结(finality)中生。"②是否因为唯一真理永远躲避着哲学家,哲学家才对它那么感兴趣? 尼采称赞拉辛时,也暗示了类似的看法:莱辛

---

① 莱辛:《第二次答辩》(Gotthold E. Lessing, "Eine Duplik," in his Werke, 10:53; quoted in *Soren Kierkegaard*, *Concluding Unscientific Postscript*, trans. David F. Swenson and Walter Lowrie, Princeton: Princeton University Press, 1968, 97.)【中译文选自:莱辛:《历史与启示:莱辛神学文选》,朱雁冰译,华夏出版社 2006 年版,第 80 页。——译注】

② 巴什拉:《空间的诗学》(Gaston Bachelard, *The Poetics of Space*, trans. Maria Jolas, Boston: Beacon, 1958, 61.)【该书中译本译作:"宁可活在暂时性中,而不要活在确定性中"。见张逸婧译,上海译文出版社 2009 年版,第 65 页。——译注】

是"最真诚的理论家"，因为他"敢于宣告他更关心真理的追寻而不是真理本身"。①

不过，即便是对唯一真理的寻求，对哲学家来说也真的那么重要吗？在回应弗兰克福特时，罗蒂主张，对哲学家而言追求真理不如"自由而公开的交流意见"更重要。② 对哲学家而言，自由——意见交流的自由——比拥有真理更重要吗？不过，是不是一定得有些限制，否则这种自由而公开的交流不就堕落成理智上的游戏了吗？是要有对真理的限制吗？在这种游戏中争论的焦点究竟何在？弗兰克福特指出了我们面临的困难，因为他主张哲学家致力于"对一个不清晰的问题集合的训练有素的、富有自我克制的探究，这个大体上界定的集合所包含的问题被确定为哲学问题"。但罗蒂反驳说，即使这样的主张也要求得太多了："我认为不存在一个清晰的范围，[49] 让我们把里面的东西称为哲学问题。"③

我们已经进入了一个循环：哲学家关心的问题是哲学的。那么哲学又是什么？

哲学世界

我想知道，有没有一个本书所有作者都会一致认可的关

---

① 尼采：《悲剧的诞生》（Friedrich Nietzsche, *The Birth of Tragedy*, §15, in *The Birth of Tragedy and the Case of Wagner*, trans. Walter Kauftnann, New York: Vintage, 1967, 95）。【中译本可参见孙周兴译，商务印书馆 2012 年版，第 110 页。】

② 理查德·罗蒂：《总结性讨论》，载《马丁·海德格尔：政治、艺术与技术》（Richard Rorty, "Concluding Discussion," in *Martin Heidegger: Politics, Art, and Technology*, 259）。

③ 同上。

于哲学的实质性定义。诚然,我们都是作为哲学家被邀请来参与此书的写作,这有点像对我们问题的第一个答案。发邀请的人怎么知道如何辨别出我们是哲学家呢? 答案显而易见:在座诸位都拿了个哲学博士学位,有资格教哲学,正如水暖工的执照可以允许我们开张营业一样。我们都以哲学为业,都是大学和美国哲学学会之类职业组织的成员。是这类会员身份使我成为哲学家的吗? 在一定意义上确实如此。这就是我的谋生方式:作为哲学家,教哲学,写哲学。

不过,难道我们不应该区分哲学教师与真正的哲学家吗? 在最近的一次美国哲学调查中,尼古拉斯·瑞彻就做了这样一个区分,他把哲学家定义为"对于这门学科思想资源的积极贡献者"。[①] 这近乎把哲学家定义为哲学教授,同时也在自己领域发表成果。不过,瑞彻指出,这个定义越来越过时了,因为"基于严格正规的训练所形成的职业标准日益提高,'不发表就罚下'(publish or perish)[②]的学界风气日益增长","意味着在美国大学教师队伍中,越多产的哲学家越受欢迎。"[③]

在此意义上,要成为多产的哲学家,就要发表成果,最理想的是在同行评议的杂志上发表论文。这是在更好的学术机构里获得终身教职的必要条件。这样,"什么是哲学"这个问 [50] 题在今天就在哲学建制中得到了第一个答案。这意味着哲学

---

① 尼古拉斯·瑞彻:《今日美国哲学》(Nicholas Rescher, "American Philosophy Today," *Review of Metaphysics* 46(4),721)。

② 有译为"不发表就毁灭"或"要么发表成果,要么淘汰出局",也有人(套用哈姆雷特的独白格式:生存还是毁灭,这是问题所在),译为"发表还是毁火"。这里的译法考虑原文到原文是押头韵的,故略有体现。——译者

③ 同上,第722—723页。【有意思的是,瑞彻可能是美国最高产的哲学家。——译注】

的建制理论可与阿瑟·丹托(Arthur Danto)的和乔治·迪基 (George Dickie)的艺术建制理论相比。依照丹托看来,"有一 个由精英人士组成的松散群体,因其体制内的身份而被界定 为所谓'艺术世界'的成员,艺术品之为艺术品,取决于他们 的裁定。这些身份包括美术馆馆长、艺术评论家、收藏家、商 人,当然还有艺术家本人,艺术家出于各种原因提供有待评估 为艺术品的候选对象。"①与之类似,有一个由精英人士组成 的松散群体,因其体制内的身份而被界定为所谓"哲学世界" 的成员,哲学作品之为哲学作品,取决于他们的裁定。这些身 份包括包括大学管理者、书评家和同行评议专家、期刊编辑、 学生,当然还有哲学家自己,哲学家出于各种原因提供有待评 估为哲学作品的观点和著述作为候选对象。艺术体制理论可 与某种艺术相适应,而这种艺术却不再承诺关于艺术是什么 和应当是什么的原型叙事(master narrative),同样,哲学体制 理论与某个哲学世界相一致,而这个哲学世界也不再因关于 哲学是什么和应该是什么的实质性理解而联合起来。

虽然缺乏关于艺术应当是什么的实质性理解,但这并未 成为仍然充满活力的艺术生产的障碍,同样,虽然缺乏关于哲 学应该是什么的共同的、实质性的理解,这似乎也并未成为美 国哲学繁荣的障碍,正如瑞彻在报告中指出的:"今日美国哲 学的特点不在于一致性和凝聚力,而在于几乎适合所有口味 的极其丰富的多样性。"②在瑞彻的描述中,把美国哲学结合

---

① 阿瑟·丹托:《具体化的意义》(Arthur Danto, *Embodied Meaning*, New York:Farrar,Straus 8c Giroux,1994,312)。

② 雷彻:《今日美国哲学》(Rescher, "American Philosophy Today," 740)。

起来的，并不是对哲学与哲学家工作的共同理解。"美国哲学能提供的统一性，不过是学术工业的统一性，而不再是单一的理论定位或单一的学派。"①

[51]

　　哲学已经演变成了工业生产、商业行为与贸易手段。在这种哲学理解与弗兰克福特的观点之间存在着紧张关系，因为他认为哲学仅仅是对真理的不可改变的承诺，这就使我们产生了为哲学而哲学的理解方式，这种理解需要思想自由，而思想资源与工业化生产之间难以调和。

　　我们能够把这两种限定结合起来，并把哲学理解为生产真理的行当吗？这不由得让我们回到了"生产何种真理"的问题，也让人思索社会为什么会支持一个如此奇怪的行当。社会的确在支持哲学这个行当，每一次美国哲学协会的年会都表明了这一点，即便或许还没有达到支持的程度，或者还没有达到哲学家喜欢的或认为自己应该达到的丰富程度。恰如瑞彻所评论的，美国哲学"在这样一个历史时刻，最显著的特点就是它的范围和规模（scope and scale）"。② 美国哲学协会会员超过 8000 名，《美国哲学家名录》（*Directory of American Philosophers*）则列有超过一万个名字，其中女性不到 20%，少数族裔不到 2%。

　　如果瑞彻所言不虚，哲学的专业化导致了学术标准的提高，且受人欢迎。"考虑到已出版的哲学著述的数量，它的总体质量还是相当高的——这是从看重技术的角度给出的评判标准，至于其洞见的深度则又另当别论。无论如何，特立独行

　　① 雷彻：《今日美国哲学》（Rescher, "American Philosophy Today," 740），第 717 页。
　　② 同上。

的思想家,也就是具有特异思想的业余的才智之士,成为哲学家的时代已经一去不复返了。不管怎样,跟斯宾诺莎或尼采一路的圈外人将会发现,在今日北美哲学界已经没人搭理了。"①这还不仅仅是苏格拉底式哲学家的缺席问题,毋宁说,哲学的专业化意味着哲学赛场的一般评价水平。像 19 世纪德国那样由少数哲学巨匠统领哲学界的时代已不复存在。现代的黑格尔也沦为泡影。在维特根斯坦与海德格尔之后,哲学大师的时代似乎走向了终结。这似乎不仅仅是不幸事件那么简单,毋宁说,我们时代的精神状况已经拒绝给这样的哲学家留下余地了。卡尔—奥托·阿佩尔尝言,"'大思想家'这个范畴业已成为明日黄花。"②如今我们的哲学研究,越来越缺少独白,越来越不自我(solipsistic),在哲学领域中团队也开始逐渐取代单独的个人,我们是否应该为此哀悼呢?

[52]

这种重视团队合作的做法已经影响了哲学的风格。正如像海德格尔《哲学论稿》(*Beiträge zur Philosophie*)这样的著作仍然让一些哲学家们着迷,这难道不是表明独白式的哲学沉思已经令人欣喜地保留下来了吗? 无疑,海德格尔对哲学思想的本性有着十分独特的理解。雅斯贝尔斯要求建立对话哲学,在给他的一封信中,海德格尔反驳道:"如果独白能以其自身的形式继续存在,那么我们会获益良多。我几乎认为,独

---

① 雷彻:《今日美国哲学》(Rescher, "American Philosophy Today," 740),第 723 页。

② 卡尔—奥托·阿佩尔:《哲学的转向》,第一卷(Karl-Otto Apel, *Transformation der Philosophie*, vol. 1, Frankfurt am Main: Suhrkamp, 1976, 11)。

白还不是其本来的状态;它们还没有强大到这一程度。"①

对我们、也对雅斯贝尔斯来说,这样的假设的力量与"'伟大的思想家'的类别"极其紧密地联结在一起,以致于很像一种诱惑。瑞彻注意到:"如果美国哲学的发展继续其当前的道路,那么,在将来的哲学史中就会看到,单个哲学家的作用不过是注脚的内容,注脚用于说明多种多样的哲学类型、潮流和倾向,而正文的内容谈论的也正是这些。"②我们期望哲学家将自己表现为不断进行的工作共同体的成员,我们也期望出版的著作参考的是那些支持或者反对其观点的文献,特别是新近的文献。斯宾诺莎《伦理学》或维特根斯坦《逻辑哲学论》的风格所表达的态度,现在的哲学家唯恐避之不及,因为这种风格具有的特殊诉求,对通俗易懂不屑一顾,而推崇独白式的沉思。

但这并不意味着,当今哲学工作的主流风格吸引了广泛的读者,毋宁说它更倾向于把自己的工作表现为哲学对话的一部分,这种对话在小圈子里进行,其成员是有着相似兴趣的专业人士,在高等学府的象牙塔里工作。阿佩尔称之为"人

---

①　马丁·海德格尔 1949 年 8 月 12 日致卡尔·雅斯贝尔斯的一封信,收录于《马丁·海德格尔与卡尔·雅斯贝尔斯的通信集》(*Martin Heidegger, Karl Jaspers—Briefwechsel*, Frankfurt am Main: Klos-termann and Piper,1990,xx);参见卡斯丁·哈里斯:《羞辱、罪过与责任》,载《论雅斯贝尔斯与海德格尔》(Karsten Harries, "Shame, Guilt, Responsibility," in *Essays on Jaspers and Heidegger*, ed. Alan M. Olson, Philadelphia: Temple University Press,1994,49-64)。【中译文据《海德格尔与雅斯贝尔斯往复书简》,比默尔等编,李雪涛译,上海人民出版社 2012 年版,第 262 页。海德格尔的观点是对雅斯贝尔斯来信中的观点的回应。雅斯贝尔斯说:"问题是,如何从独白中——以及从其他人对独白的诽谤中——走出来,对于我们当代哲学思考来讲是关乎生命的大问题。"前揭书,第 259 页。——译注】

②　瑞彻:《今日美国哲学》,第 740 页。

类传播的制度化"。想想电子邮件与互联网吧，传播制度化多少已成为当今哲学世界的一部分，这也并不意味着一些鼎鼎大名不再有名。不妨再引用一段瑞彻的话："著名哲学家们分散在各处孤立的城堡中，赢得了他们在当地的忠实朋友或敌人。但是在今天的学院中，在庞大的内在严重分化的共同体中，不管是哪个哲学家，想尽办法也只能在微不足道的部分中，推行自己的规划。即使是当代最有影响的美国哲学家，也不过是汪洋大海中的一条鱼而已，只不过有的大一点罢了。"①

学术工业

特立独行的伟大思想家和哲学天才的消失算得上哲学专业化的牺牲品，而交通运输和交往传播的发展更是火上浇油。这是今日哲学世界的第一个特点。第二个特点也同样重要，这就是研究议题的扩大。瑞彻说："理论的多样性与学说间冲突是当今的特征，唯一显著的内在关联是地缘上的接近性……每一种学说，每一种理论，每一种进路都能在偌大的共同体中找到其拥趸。在绝大多数较为重要的问题上均不存在压倒性的多数派。"瑞彻接下来的确为许多潮流编辑了年表，其中最引人注目的便是哲学史研究的兴起——截至1992年，美国有三分之一的博士论文探讨的问题主要与哲学史相关。②

---

① 瑞彻：《今日美国哲学》，第727页。
② 同上，第721页。

[54]

　　让我回到瑞彻今日美国哲学的描述,即哲学是多产的、品种多样的不折不扣的工业,同样,无可否认,就像所有的人文科学多少都处于守势,逐年减少的博士学位授予数就显示出这一点,①不过哲学仍提供着还过得去的就业门路,尽管在不断减少,并用相当多的自由支配时间弥补了相对微薄的收入。正如瑞彻指出的,美国哲学界可谓百花齐放,所有学术团体"都致力于解决那些现在所认定的哲学问题,而在这一代人之前没有人认为这些是哲学问题。这类学会的例子如机械与心智研究会、非形式逻辑与批判性思维学会、伦理与动物研究学会、哲学与文学研究会、分析的女性主义学会,以及性与爱哲学学会。成百上千位哲学家都在找活干,而且也不能单纯是重新探索熟悉的地基,这一事实无疑制造了实质性的人口压力,要求更广阔的哲学生存空间(Lebensraum)"。②

　　哲学生存空间意味着哲学家可以在其中谋生的空间。这样的空间首先由高等学术机构提供,这些机构又依赖于更大范围的共同体,因此必须对此而负责。这样的依赖性不可避免地威胁到思想自由,哲学家如叔本华认为思想自由是哲学的前提。叔本华强烈质疑我们这样的职业哲学家:"哲学怎么能堕落成人谋生的手段,而且还普遍地堕落成诡辩呢?然而这恰是势所必至的,'端谁的碗,唱谁的歌'自古以来便是有支配力的规律,在古代就把靠哲学赚钱作为智者们的标志了。现在我们还得加上,既然这个世界的每一角落,除了庸才之外,没有什么是可期待的,没有什么是能要求的,也没有什

---

① 瑞彻:《今日美国哲学》,第723页。
② 同上,第729页。

么是可以用金钱买到的,我们在这里也不得不容忍庸才了。"①

鉴于社会总体上对哲学的冷漠日渐增长,学术机构变化缓慢无疑对哲学家们有利。如瑞彻所言,这种冷漠反映在如下事实中:1977 年《大不列颠百科全书年鉴》不再继续报道哲学领域发生的事情,而《美国名人录》则大大缩短了对哲学家的介绍,《时代周刊》和《纽约时报》则哀悼哲学与社会脱节——尽管哲学家也在努力让哲学与生活更多地关联起来,例如他们也思考医疗的演化,思考商业以及环境伦理,等等。哲学家"兴致勃勃地"开始处理那些"公共政策和个人利益议程中的问题"。② "摆脱了意识形态的束缚,焕然一新",美国哲学"用任何可用的手段,处理可感知到的问题,依赖智能技术的力量,以求获得成功"。③ 瑞彻认为哲学应该重返"当今时代的问题本身,因为恰恰在这样的时刻,多数民众认为哲学与其关切的东西无关了",这是"历史长卷中并不罕见的反讽之一"。④

作为管道工的哲学家

罗蒂以实用主义的方式将哲学视为思想技术,他鼓励我们把哲学家(如海德格尔)的工作看做我们继承下来的"工具箱","里面东西的种类极其多样,构造的目的也大相径庭,一

---

① 阿图尔·叔本华:《作为意志与表象的世界》,第二版序言(Arthur Schopenhauer, preface to the second edition of *The World as Will and Representation*, vol. 1, trans. E. F. J. Payne, York: Dover, 1969, xx)。

② 瑞彻,《今日美国哲学》,第 733 页。

③ 同上,第 727 页。

④ 同上,第 734—735 页。

类当中能派上用场的仅有几样。"①由此产生了这样一个问题:在这里哪些东西有用的评判标准是有什么提供的。罗蒂的回答是:"只要对美国自由主义有用。"②那么,"美国自由主义"是否就无可争议了呢? 如果某种行动或生活方式可被 [56]当做是理所当然的、无可置疑的,我们很有理由把哲学家看做思想管道工,一位被请来解决我们社会大家庭的特定问题的专业人员。

　　试考虑应用伦理学和今日的"伦理专家"。这个术语招致了质疑:"ist"源于希腊语"istes",是由以 izein 结尾的动词形成的动名词。因此,施洗者(baptist)就是施洗(baptize)的人,剽窃者(plagiarist)就是剽窃(plagiarize)的人。相应地,一个伦理学家可以是"伦理教化"(ethicize)的人,这是一个罕用的词义,《牛津英语词典》告诉我们,意思是"讨论伦理学;针对各种德性做演讲或写作,道德教化"。这个词经常带有消极含义,就像"教化"这个词一样(edify)③。于是,伦理学家就是掌握了自己技能的专家,一有伦理问题出现,就准备好去处理。

　　不幸的是,伦理学的靠不住的历史表明,它没能设法将自身确立为可靠的科学。这一失败证明纯粹理性无力将伦理学

① 罗蒂:《另一个可能世界》,载《马丁·海德格尔:政治、艺术与技术》(Richard Rorty, "Another Possible World," in *Martin Heidegger*: *Politics*, *Art*, *and Technology*, 35)。

② 这个问题首先是由莱纳·熟尔曼(Reiner Schürmann)提出的,见理查德·罗蒂:《总结性讨论》,载《马丁·海德格尔:政治、艺术与技术》,第 250 页。

③ edify 源于拉丁文,本意为"建造"、"建立";后来主要指在道德、精神和宗教方面教诲、开导、启迪、教化,建立、建造的意思基本不用了。中文译名无法将这两个意思都包含进去。——译注

建立在坚实的基础之上。当今的伦理专家难免让我们想起古希腊的智者。容易理解，人们渴望各专业人士有能力从伦理维度出发解决日常生活、特别是不同专业领域中出现的难题。就处理这些难题而言，专业人士的时间太少，专业训练也太差。因此，伦理专家也许能够让其他领域的专业人士解放出来，全身心地投入其真正擅长的领域。这样一来，收获似乎是明显的。

但是我们应该把道德责任留给专家吗？诚然，伦理学的职业化是十分符合这个专家时代的风气的，在这个时代中，我们目睹了个人的生活被分裂成不同的角色、任务以及短命的群体，有效的公民伦理必须依赖的共同基础也被削弱了。专业点吧！这往往意味着：不要让你的太人性（all-too-human）的担心、疑虑和质疑，以及特别是在道德上的焦虑，阻止你像专业人士那样去行动。

[57]

这有一些例子：设想一个飞行员被命令投掷炸弹或者发射火箭，而他知道这将杀害无辜的人。倘若我们的飞行员良心使他彻夜难眠，他会请教伦理专家。伦理专家借助于更大的善，能够向他证明这一特殊的战争和任务的正当性，尽管同时也不可避免造成生命损失，他可以让飞行员感到安心，而这种安心是飞行员完成他指定任务后极其需要的，他可能会同意"战争是地狱"，但也会提醒飞行员，"战争就是战争"，但职业军人也需要将自己归于完整的人之列。确保飞行员做到这一点，难道不是很符合军事利益吗？

类似的考虑也适用于工业领域。比如要在新几内亚开采某种矿藏，却必须以摧毁某些并不重要的部落的生活方式为代价，人们对这个部落几乎闻所未闻，倒是听说他们还是食人生番！某位良知未泯的 CEO 与他的公司雇佣的一位伦理专家进行交谈。这位伦理专家是个有思想的刚毕业的哲学博士，出身于我们最好的商业伦理博士生项目。这个雄辩的年轻人能向这位 CEO 证明，他的行动促进了最大多数人的最大的善这个理由，故而能够证明其合理性，这位 CEO 也就无需承担负疚感——上述做法不是令 CEO 很宽慰吗？"要做蛋卷就必须打破鸡蛋，"不管怎么说，"生意就是生意"。

对医生来说，情况更加可能。医生这个职业是要救死扶伤，但要是他恰恰为职业所迫，要去专心于某一科，致力于某一方向，精打细算，这样他就很难对整个人体尽救治的责任，更不要说面对因没有得到适当治疗而必定死去的人的苦难了，这样的病人可是不计其数。作为职业人士，他必须承认时间就是金钱，也会服从一些必须考虑的因素，这些顾虑很难与治愈的要求相调和。现在，伦理专家来到医院，至少能为我们 [58] 本已苦恼不堪的医生卸下一些道德义务的重担，帮助我们的医生减少一点焦虑。我们的医生难道不该欢迎伦理专家吗？

但是，使我们摆脱焦虑就是哲学的任务吗？它是否如海德格尔在与卡西尔的达沃斯论辩①中提出的那样，哲学的任务恰恰是相反的：是让我们变得更加焦虑；不是卸去个人责任

① 1929 年春天，海德格尔和卡西尔（Ernst Cassirer）在瑞士小城达沃斯（Davos）举行公开对话。他们已被视为欧洲最重要的思想家了，他们的会面也触及哲学史中的重要问题：什么是人类的有限性、什么是客观性、什么是真理等。这场争论还涉及分析哲学家卡尔纳普，在 20 世纪哲学史上颇有影响。关于这场争论，可参见迈克尔·弗里德曼：《分道而行——卡尔纳普、卡西尔和海德格尔》，张卜天译，北京大学出版社 2009 年版。更详细的研究可参见：Peter E. Gordon, *Continental Divide: Heidegger, Cassirer, Davos*. Harvard University Press, 2010。——译注

的重负，而是让它更加沉重。① 难道一方面焦虑是真正自由的代价，另一方面哲学的任务之一又是使我们获得自由吗？我对一些伦理专家抱有疑虑，因为他们认为自己的任务（借用艾比盖尔·范·巴伦②的概念）就是去解决生活难题，从而减少焦虑。此外，我也对职业伦理学表示怀疑，因为它试图减轻已经负担过重的职业人士所承担的责任重负。因此，近期出版的拙著《建筑学的伦理功能》不是试图告诉建筑师们该做些什么，而是尝试质疑一种常常被视为理所当然的观点，并使建筑师从这种观点中解放出来，即认为建筑学是一门艺术——尽管建筑学是本质上不洁的（unchaste）艺术，之所以不洁是因为它总是已卖身于世界。该书反对建筑学是艺术的观点，主张建筑学的伦理功能。在这里，我追随海德格尔的观点，将"伦理的"（ethical）意思理解为思想，其依据是希腊语"伦理"（ethos）一词，它涉及一个人的性格或倾向，以及此人在世界中与他人共在的位置。在这种基础性意义上，建筑学不得不拥有伦理功能。建筑学不可避免地要安置人，因此每一个建筑师对人们如何在共在的世界中生存负有责任，因为

---

① 海德格尔：《达沃斯论辩》，载《康德与形而上学问题》（Martin Heidegger, "Davoser Disputation," in *Kant und das Problem der Metaphysik*, *Gesamtausgabe*, vol. 3, Frankfurt am Main: Kloster-mann, 1991, 286）。

② 艾比盖尔·范布伦（Abigail van Buren）系葆琳·菲利普斯（Pauline Phillips）的笔名。她本是一位加利福尼亚的家庭主妇，1956 年，她开始尝试一种比打麻将更有意义的生活，于是变身成为在多家报纸拥有专栏的作家"亲爱的艾比"（Dear Abby）。通过写专栏，她成为数千万人信任的、言辞犀利的顾问。菲利普斯于 2013 年在明尼阿波利斯去世，终年 94 岁。这个笔名是她从《旧约·撒母耳记》一书中选取了女预言家艾比盖尔（中文和合本译作亚比该）这个名字，然后选了范布伦，因为这个姓听上去像来自古老的家族。——译注

所有建筑学不仅预先设定了一种既定的生活方式,使其为人所见,还不可避免地有助于维持、加强或挑战它,从而有助于塑造未来。如果我的书能将这种责任的担子在一些建筑师身上稍微增加一点重量,我都将感到欣慰。

　　哲学不也有这种伦理的、设立位置的功能吗?以建筑师 [59] 的形象来看待哲学家的观点再度流行,哲学家自诩为建造者,即进行教化的人,"教化"(edify)这个词本身值得我们三思。Edify 这个词本意只是建立住所或建筑物,后来它开始指"促进道德或精神的提高",现在则倾向于带有消极的内涵。因此这个词不仅让我们思考将建筑学与哲学联系起来的比喻,也思考最近流行的对建筑学的抨击。举例来说,就"解构"(deconstruction)这个词和它所代表的一切颇为时髦,我们究竟该怎样对待呢?我们又该如何理解乔治·巴塔耶反对建筑学的立场所召唤的东西?① 建筑体系在这里代表一种囚禁我们的秩序,应予摧毁,即使毁灭这种秩序有导致混乱和野蛮(bestiality)的危险。这种推理把监狱弄成建筑学的典范作品,于是监狱就成了借以看待一切建筑体系的透镜,这种推理会让陀思妥耶夫斯基《地下室手记》中的主人公认为,二二得四是厚颜无耻的表现,而赞美二二得五,将其视为自由最终的避难所,可以抗拒安置,可以去梦想迷宫与混乱。② 对建筑学

---

　　① 参见德尼·奥利耶:《反建筑学:乔治·巴塔耶著作集》(Denis Hollier, *Against Architecture: The Writings of Georges Bataille*, trans. Betsy Wing, Cambridge: MIT Press, 1989)。

　　② 陀思妥耶夫斯基:《地下室手记》,载《陀思妥耶夫斯基短篇小说精选》(Fyodor Dostoevsky, "Notes from the Underground," in *The Best Short Stories of Dostoevsky*, trans. David Margashack, New York: Modern Library, 1955, 139)。

的攻击虽然本身就要求某种伦理意蕴之类的东西，但是这些攻击也不可避免地要去一类哲学，所有这类哲学都声称已经建立了一座精神大厦，让人人适得其所。但是，自由就在于拒绝这种安置。

迷　路

在《哲学研究》中，维特根斯坦提出，哲学问题具有这样形式："我找不到出路。"①当然，不是具有这种形式的所有问题都因此是哲学问题。在徒步旅行中迷路，不足以使人成为哲学家，搞不懂一台新设备也不足以如此。比方说，我的电脑出了故障，而我不知该如何是好；我不知道解决之道。但是这样的无路可循并没有让我们面临哲学问题。可为什么不是呢？我认为，这是因为在这些情况下我们的迷失只是表面上的。在更深刻的层次上，我们仍然知道自己身在何处，知道自己的路，知道要做什么。举例而言，在第一种情况下，我可以向旅伴打听方向，或参考一下地图。这里的问题的提出依赖于某种背景，而这种背景就是已然确立的和普遍认可的做事方式的背景，我们能够求助于这些方式，以决定该做什么。这一区域的地图已经准备好了。

我所理解的真正的哲学问题，并没有这样的背景。它们产生于一种更深层次的焦虑，一种更深刻的不确定性。因此并不奇怪，哲学反思往往兴盛于传统解体的时代，也是人们被

[60]

----

① 维特根斯坦：《哲学研究》，第 123 节（Ludwig Wittgenstein, *Philosophical Investigations*, trans. G. E. M. Anscombe（New York：Macmillan, 1953），§123）。

迫质疑自然、社会和历史安排给他们的位置的结果;人们去寻找更坚实的地面,要求更加牢固地确立这个地方。如果人们对其位置的了解是牢靠的,则几乎不需要哲学,正如那些认为自己身在家里的人不会害上思乡病一样。按照我的理解,哲学的源头就是一种无家可归之感,并与对本真(authenticity)的需求紧密相连,这种需求就是个体应为自己而行动和思考,这种需求与今日哲学的职业化之间存在着紧张关系。就我们对哲学的这种理解而言,在其核心中有一种类似于伦理关切的东西,这种关切源于一种要求,也就是个体要为其思想与行为负责,因此它拒绝满足于已经确立的、公认的和被视为理所当然的事物而止步不前。对自主(autonomy)的要求让人们质疑历史的权威,质疑被认为是自然安排给我们的地位,也质疑哲学的权威。哲学因此是批判性的,特别是自我批判的事业。[61] 这并不是说哲学能得出牢不可破的结论,知道我们该往何处去。恰恰相反:只有当"哪条路才是正确的?"这个问题继续被问及,哲学才会继续有生命力,因为正确的道路仍然悬而未决,因为我们的位置和天职仍不确定。倘若哲学有能力确定或决定正确的道路,倘若它有能力建造真正安居的房屋,那么哲学也就完成了自己的工作,走向了终结。这就是为什么一门科学的诞生总是意味着一部分哲学的死亡。只要构成正确道路或正确方法的东西哪怕是部分地确定下来,科学就会待在自己的安乐窝里,而质疑这条道路的科学家却是返回了科学的哲学源头。

由此可见,不出所料,倘若将哲学理解为对真理的寻求,那么一部分哲学就是在梦想着一种终结哲学的哲学。笛卡尔因此认为哲学的规划几近完成,他所希望的建筑几近完成;同

样,康德在他的《纯粹理性批判》中充满希望地总结到:统治
了哲学许多个世纪的求知欲望会(在18世纪末)最终得到满
足,一劳永逸。黑格尔体系的实现也意味着哲学的终结。在
这里我无需再次说明众所周知的事情,这就是所有的这些建
筑体系最终都是巴别塔①的不同版本,而哲学还继续生存着。

脱位、自由与好奇

维特根斯坦认为哲学问题具有“我找不到出路”的形式,
这使我回忆起亚里士多德认为哲学起源于好奇的观点。无论
如何,维特根斯坦的评论传达了一种回家的思乡病,这种乡愁
[62] 既意味着逃避自由,也意味着哲学的终结;不过维特根斯坦认
为这样的家园必须建立在日常语言而不是哲学之上。亚里士
多德则从对哲学起源的描述转为对自由探索的赞美:“不论
现在,还是最初,人们都是由于好奇而开始哲学思考,开始是
对身边所不懂的东西感到惊异,继而逐步前进,而对更重大的
事情发生疑问,例如关于月象的变化,关于太阳和星辰的变
化,以及关于宇宙万物的生成。”②在这里,哲学也被认为起源
于我们熟悉的那些脱位或出轨的事情(dislocations or derail-
ments),它们是日常经验中的一部分:我们发现自己被卡在一

————————

① 巴别塔(Tower of Babel)也译作巴贝尔塔、巴比伦塔、通天塔。巴
别在希伯来语中有“变乱”之意。据《圣经·创世记》第11章记载,当时人
类联合起来兴建希望塔顶通天能传扬己名的高塔。为了阻止人类的计
划,上帝让人类说不同的语言,使人类相互之间不能沟通,计划因此失败,
人类自此各散东西。——译注

② 亚里士多德:《形而上学》(Aristotle, *Metaphysics* I,2,982b, trans.
W.D.Ross)。【中译文参考苗力田主编:《亚里士多德选集·形而上学卷》,
中国人民大学出版社2000年版,第9页。——译注】

个地方;或是我们迷失了道路,或是我们无法找到完成任务所需的东西。困难重重,阻挠我们继续做正在进行的事情,迫使我们停下脚步,退回一步,以确认我们究竟从哪里来,现在在哪里,面对哪些可能性,以及应该做些什么。值得注意的是,这种出轨之事如何向我们敞开了各种可能性,只要生活处于正轨,这类可能性就是未曾考虑的。通过敞开这些可能性,我们的自由也向我们敞开了。脱位、自由与好奇是一体的。说哲学源于好奇也就是说它始于自由的觉醒。只有自由的存在者才能感到好奇。当然,在"明显的困难"与"更重大的事情"之间有根本区别,在亚里士多德看来,后者才是哲学家关心的。筹划是生活的一部分,这些"明显的困难"从作为生活组成部分的各种筹划中获得意义,而亚里士多德所谓"更重大的事情"之所以值得追求,仅是为了摆脱无知,寻求真理。弗兰克福特在主张哲学家"唯一不可改变的就是对真理的承诺"时,也许想到了亚里士多德。按照这样的理解,哲学家为真理而寻求真理的承诺暗示着一种抽离,抽离于日常世界及其关切的东西。有一种看法认为哲学家是处于世界之中的局外人,正如柏拉图对苏格拉底用心良苦的描绘:尽管苏格拉底 [63] 身居雅典,因其生于斯长于斯而属于雅典,但他仍然超越了这种归属,超越了他所了解的作为雅典人应该成为的样子,就因为他是哲学家。自我超越与自由不可分离,因为自由界定了哲学及其对真理的寻求。哲学就是在自由中演练。

因此,第一个哲学家想必也是第一个因沉思而出神的哲学家,这并非偶然。当然,我指的就是柏拉图《泰阿泰德》篇里苏格拉底讲述的那则轶事:年轻美丽的色雷斯女仆嘲笑泰勒士,因为他在仰观星空奥秘时失足落入井中。难道他没有更好的东西可看吗？苏格拉底讲这个故事，形象地说明了我所称的哲学家的自我超越（self-transcendence），用柏拉图的话说，哲学家实则只是寄"形骸"（outer form）于城邦；"其心则视人事若无物，游乎四海之外，如品达①所云：'上穷玄穹，下极黄泉'，仰窥天象、俯测地形，遍究一切物性，而求其真其全，从不肯降尊到附近的俗事俗物。"②哲学家要得到的东西，却不在他能触及的范围之内。他是不是做过头了？

我们有理由怀疑所谓"游乎四海之外"能否探究更高的真理，因为哲学家不能成为另一个伊卡洛斯③，拿被赐予我们人类的家园做买卖，得到的却是无家可归。亚里士多德本人也问过，哲学家追求的那种知识是否应视为超越于人力之上的知识："人的本性在许多方面是奴性的。按照西蒙尼德的说法'唯有神才有这样的特权'，人没有资格去求取其分外的哲学"。④ 哲学家对知识的探索可能使他成为神的对手。但是亚里士多德拒绝接受这一傲慢自大的意见，因为神没有嫉

① 品达（Pinda，约公元前 518 年—前 438 年），古希腊抒情诗人。他被后世的学者认为是九大抒情诗人之首。他的诗风格庄重，辞藻华丽，形式完美。品达的合唱歌对后世欧洲文学有很大影响，在 17 世纪古典主义时期被认为是"崇高的颂歌"的典范。这里似引自其佚诗："汝其以各半之生涯，上穷玄穹，下极黄泉，而游居寝食乎是。"（严群译）——译注

② 柏拉图：《泰阿泰德篇》（Plato, *Theaetetus* 1973, tr. E. B. Jowett）。【中译文参考柏拉图：《泰阿泰德、智术之师》，173e—174，严群译，商务印书馆 1963 年版，第 65 页。——译注】

③ 伊卡洛斯（Ikaros）是希腊神话中代达罗斯的儿子，与代达罗斯使用蜡造的羽翼逃离克里特岛时，因飞得太高，双翼因太阳融化跌落水中丧生，被埋葬在一个海岛上，为了纪念伊卡洛斯，埋葬他的海岛命名为伊卡利亚岛。——译注

④ 亚里士多德：《形而上学》（Aristotle, *Metaphysics* I, 2, 982b）。【中译文参考苗力田主编：《亚里士多德选集·形而上学卷》，中国人民大学出版社 2000 年版，第 9 页。——译注】

妒之心;探索知识也并不违反自然,因为"求知是所有人的天性",但这并不是因为这种知识会证明是有用的,或者能帮助他们找到正确的道路,而是说,追求知识无需这样的辩护,求知就是其自身的报酬。倘若没有这种以自身为目的的活动,生活就将是空虚的。 [64]

由此观之,哲学的尊严与它的无用性密不可分。因为哲学既不是工业也不是买卖(business),因为它也不求对其他东西有什么好处,而是"为其自身而存在"。亚里士多德不是说过,哲学是"唯一自由的科学",是自由的人值得从事的事业。柏拉图和亚里士多德都强调哲学与自由的这种关联,也就是说,不仅因为对哲学的追求需要自由时间——只有拥有闲暇的人才能成为哲学家,而且恰恰是因为哲学家理解事物与问题,但没有特殊的目的,因此他可以用更开阔的眼光去看待它们。自由是真理的先决条件。正因为生于自由,哲学才解放了自己。这就是哲学属于真正的通识教育(liberal education)之核心的原因。与自由一样,哲学与我们的人性不可分离。

被缚的自由

我既把哲学称为追求真理,也称之为在自由中演练。在这两个规定之间存在着张力。人们认为自由的演练是追求约束自由的东西,但是当自由被约束时,还剩下什么自由呢?一些哲学家认为这里没有人人的困难。例如,笛卡尔就认为,意志自愿且自由地将自己与清楚知道的任何东西系紧密结合,从而完善自身,归于平静。同样,康德认为,当自由将自己与理性法则紧密结合的时候，自由也完善了自身。

[65] 　　但是自由的完善不也是它的终结吗？试考虑康德《道德形而上学奠基》中的这段话："理性存在者必须在任何时候都把自己视为一个通过意志的自由而可能的目的王国中的立法者，不管是作为成员，还是作为元首。"①但是这个理性存在者必须如此看待自己，但与我之为我还有一定距离，因为我作为存在者束缚于身体，拥有一种不同的自由，这种自由在"为什么要成为有道德的人"这一问题中揭示出自身。就人作为目的王国中的成员而言，这种自由并不属于人类，而属于孤独的个体。这些个体将自身置于被宇宙更高的位置，对于康德所称的我们在目的王国的成员资格，他们体验为成问题的，是他们能够拒绝的。康德也许会称这种拒绝是恶的。但这一恶的可能性本身迫使我们去质疑任何把自由与康德的实践理性过于密切的结合。自由不仅有导致善的倾向，也可能导致恶。但是也许我们会说，我们的自由是超越善恶的。这一自由质疑纯粹实践理性的权威。康德的自律在这里被转换为实存主义者的本真性，这种本真性并不承认人类行为的超越尺度，不承认按照自己形象造人的上帝，而承认上帝已死。这似乎是把主体自身的彻底自由视为价值的唯一来源。

　　但是，对于已经向我们提出要求的东西，如果自由与回应它们的能力相分离，自由便空洞无物，消失无踪。我们有限的自由也意味着这样一种回应能力（ability to respond），意味着

------

　　① 康德：《道德形而上学奠基》(Immanuel Kant, *Foundations of the Metaphysics of Morals*, trans. Lewis White Beck, Indianapolis: The Library of Liberal Arts, 1959, 52)。

此种意义上的回应能力（response-ability，即责任）。然而，一种更彻底的、神明一般的自由的可能性萦绕在我们有限的自由之上。但这是一种诱惑，因为单凭自由本身是缺少确立价值的力量的。如果价值的基础只在人类的自由之中，那么发现生命没有意义的人仅凭意志活动就能够治愈自己。价值和意义最终不可能是由意志决定的，不可能被任意创造；价值和意义必定是被发现的。

自我肯定需要的是被约束自由。总是已经与自由捆绑在一起的是身体，身体限制了我们的可能性，我们对现实的了解，甚至我们的理性。这就是说，除非以身体为中介，否则理性的要求是空洞的。可以再次考虑一下康德伦理学所提出的精神性的建筑体系。他认为绝对律令仅仅奠基于理性，绝对律令命令我们将一切有理性的存在者视为目的本身。但是这预设了我们有能力认识个人，回应他们，预设了我们有能力把他人视为值得尊重的人。道德义务预设了这种回应能力（response-ability）。这固然是老生常谈，但是老生常谈足以表明，对经验的任何理解，如果把自身还原为思想主体，把实在还原为缺乏意义的无声的事实，直到主体赋予事实以意义，那么这种理解就会侵害我们对人和物的经验。对于体验这关切与欲求的具体的自我来说，实在首先给予自身的，总是已经充满意义的东西。每当我们承认另一个人的时候，我们就经验到意义的具体化，作为活生生的实在具体化在质料当中。若没有这种在质料中具体化的意义体验，道德规范将无用武之地，生活也会失去无意义。不妨重复一遍：自由必须与这样的回应能力（response-ability）紧密结合。

[66]

哲学的任务

我曾谈到,在质料中具体化的意义经验是道德生活的基础,不过,即便是这种谈论,似乎也与对客观性的承诺相矛盾,而客观性是科学家追求真理的先决条件。对真理的追求把实在还原为黯哑的事实堆积,还原为缺乏意义的原始材料——除非人类主体将意义移植上去,并被为人所用。在这种理解下,科学对具体化在质料中的意义一无所知,对自由一无所知,因此对人之为人一无所知。技术将这种还原带入了我们的日常生活,怂恿我们不仅把大地,而且把人类,包括我们自己(特别是我们的身体),都视为材料,按照我们认为合适的方式加以利用和塑造。这就是为什么科学向今日的哲学提出了我认为是科学最为迫切的问题,既然科学也起源于自由,那么这一问题也只是适时表达了哲学思考科学的起源与本质的无尽探索。

自由让我们思想开阔,如事物所是的样子去观察事物。但是我们的自由是有限的自由:我们是受约束的,这恰恰是因为我们事实上拥有感觉和身体。无论经验到什么,我们都从特定的视角去经验,对这一简单事实的反思足以建立表象与实在的最初区分。由于屈服于视角,我们被监禁在表象的世界中,与真理相阻隔。如此一来,我们如何获得对实在的认识呢? 这恰恰要求我们从视角的相对性理解中解放出来。客观性需要我们免于各种各样曲解的视角,因此科学命题的真实性可以被设想为与对象的符合,在这里重要的是要理解这些对象并不是给予感觉的,而必定是思想中重构的。这种重构就是科学的任务。没有理由认为这种重构应该或永远能够完

[67]

全充分地适用于这些对象,因为重构是作为调节性的理想起作用的。按照这种理解,真理即符合,对真理的验证标准则是融贯性。这里的融贯性不只是意味着这一重构与其他相关判断相匹配,毋宁说,致力于追求我们所理解的真理,也就是致力于自由——与我们一道追求真理的人的自由。

这种对真理符合论的意义的普通理解——请海德格尔原谅,远早于柏拉图——足以让我们毫不含糊地断言,自古希腊人开始,科学就在进步。① 衡量这种进步的尺度只是客观性的理念所赋予的。为追求进步,人们不断改进方式方法,使之更加可靠,这也意味科学不断从哲学的庇护中解放出来。 [68]

因此,普兰廷加将科学与对客观性的承诺分离开,主张"基督教社会真正需要的科学能够解释我们作为基督徒知道的东西"②,我无法苟同。我们需要的不是基督教的科学,基督教社会需要的也不是这种科学。科学不能放弃它对客观性的承诺。厄尔南·麦克马林的主张是正确的:"方法论的自然主义并没有限制我们对自然的研究;它只是明确规定了有资格被称为科学性的研究。如果有人想要寻求研究自然的另一种进路——确实还有很多别的进路——方法论的自然主义者是没有理由反对的。科学家只能以这种方式继续其工作。"③基

---

① 弗雷德兰德:《真理》,载《柏拉图》卷一"导论"(Paul Friedlander, "Aletheia,"in *Plato*, vol. 1;*Introduction*, trans. Hans Meyerhoff, Princeton:Princeton University Press, Bollingen Series 59, 1969, 221-229)。

② 阿尔文·普兰廷加:《方法论的自然主义》,载《起源与设计》(Alvin Plantinga, "Methodological Naturalism?" *Origins & Design*, Winter 1997, 25)。

③ 阿尔文·普兰廷加:《方法论的自然主义》,载《起源与设计》(Alvin Plantinga, "Methodological Naturalism?" *Origins & Design*, Winter 1997, 25)。

督教的科学(Christian science)是一种矛盾修饰法。我们今天需的是相当不同的东西，即一种既承认其合法性，也承认自身局限性的科学批判。

有些人文学者引用尼采的句子时，脱离语境，这种做法会解构科学的大厦，只能使人文学科在日益被技术与科学塑造的世界里边缘化。这些人文学者完全有理由引用罗蒂在《哲学与自然之镜》中一段刺激性言辞来反驳我。而今罗蒂主张，当年红衣主教贝拉明(Cardinal Bellarmine)反驳哥白尼的日心说，因为日心说与《圣经》所描绘的天的构造相矛盾，而我们现在不能再说他的反驳是不合逻辑或是不科学的了。①根据罗蒂的观点，我们不知道该怎样在神学话语和科学话语之间划一条清晰的界限。这将为贝拉明和普兰廷加所需要的基督教的科学打开大门。我将以相反的观点进行反击：如果人文科学，特别是哲学，不想被边缘化，就必须有能力解释是什么使红衣主教贝拉明的反驳是非科学的。这种解释的关键仍是由对客观性的承诺所提供的，这种承诺是范导性的理想，时至今日，我们必须承认这仍然是理想，但理想本身足以指引出方向。非科学的、特别神学的考量在科学的历史中实际发挥了重要重要，这一观点与此并无矛盾。

但如果我们不打算放弃自由——这同样意味着放弃人性——交给科学，必须有能力表明，实在可以不等同于科学所追求的对象。这恰如能够回应人之为人是什么，相当于能够体验到超出科学可知范围的实在，这一点并不是在质疑科学

① 理查德·罗蒂：《哲学与自然之镜》(Richard Rorty, *Philosophy and the Mirror of Nature*, Princeton: Princeton University Press, 1979, 328)。

及其对真理的追求。但是科学的成功本身确实产生了一个问题，不是针对科学，而是针对人，针对关心世界未来和自己未来的人。我们究竟要在这个世界上给科学以怎样的空间呢？科学与技术源于自由，它们的成功许诺我们最终成为自然的主人和拥有者，这种自然也包括我们自己的自然（天性）；它们的成功因而许诺我们空前的自由，但同时也产生了威胁，会让自由如此空虚，以致完全消失无踪。哲学在其源头上的那种迷失，今天在很大程度上依然伴随着我们。

如何让这一切不至于发生呢？有些迷失出路的情形与负责任地面对未来密不可分，也就是说，与自由密不可分。未来是开放的。不同的可能性都会显现出自身。未来越开放，"我的位置应在哪里？"这一问题就会越发持续不断地显现出来。

我之前引用过苏格拉底讲述的那个色雷斯女仆嘲笑泰勒士的轶事。雅典人或许也同样地嘲笑过苏格拉底。至少在一开始是这样的。雅典人最终判处苏格拉底死刑，原因是腐化青年，信仰自己创造的而非城邦公认的神灵。从雅典人的角度来看，这些指控相当合情合理，因为哲学的自由会传染蔓延，年轻人比老年人更容易受到哲学的，去质疑已经确立的传统；苏格拉底确实祈求过神和诸神衹，但他并不相信他的控告者所相信的神。对于那些指控者而言，哲学家一定像是无神论者。苏格拉底的自由仍然是受现实约束的，现实召唤着他，他追求现实，服务于现实，即便最终表明，他关于现实的所有猜测仍是不充分的。尽管苏格拉底诲人不倦，但至死他都清楚自己的无知。唯有这种有学问的无知支撑着哲学。

[70]

3 理由、表达与哲学事业[1]

罗伯特·布兰顿

我们不妨从承认这样一个区分开始:具有自然本性(nature)的东西与具有历史的东西。像电子、芳香类化合物等自然事物属于第一类的典型,而像英国浪漫诗歌和庞氏骗局[2]等文化产物则属于第二类的典型。如果将这个区分应用于眼下"哲学是什么"的问题,则哲学肯定要被放到具有历史的东西一边。但是现在我们也许会问:哲学与物理学、化学和生物学是在历史性方面有所不同吗?如果说物理的、化学的和生物的东西具有的是自然本性而不是历史,那界定和研究它们的学科却又如何?物理学本身是应当被视为具有自然本性的学科,还是具有历史的学科呢?如果得出后一个结论(即具有历史的),则相当于赋予历史的事物以最为重要的地位。因为,这实质上等于说,对于具有自然本性的和具有历史的东

---

① 本译文根据 2005 年罗伯特·布兰顿惠寄的文稿略有删改。——译注

② Ponzi scheme,指骗人向虚设企业投资,以后来投资者的钱作为快速盈利付给最初投资者。源自查尔斯·庞齐(Charles Ponzi, 1882?—1949),即策划这场阴谋(1919—1920)的意大利裔投机商。——译注

西之间的区分,即自然科学(Naturwissenschaften)所研究的事物和精神科学(Geisteswissenschaften)所研究的事物之间的区分来说,将这些区分本身视为文化的产物,它们本身具有的是历史而不是自然本性。由此距另一观点只有一步之遥(尽管当然不是必须的一步),该观点认为各种自然事物本身是具有历史的东西,而"电子"和"芳香类化合物"之类的概念无疑就是这样。由此观之,通往彻底的历史主义的大门已然洞开。通常认为,是黑格尔给我们带来了历史主义——他是我特别青睐的英雄之一。我认为就其本身而言这种思想是正确的,但要是认为黑格尔在这里与我们分道扬镳,则大谬不然。 [74]

如果说哲学至少首先被理解为具有历史而非自然本性的东西,那么这就相当于强调:那些理应算是别具哲学特色的活动,与我们承认为改造传统的先辈哲学家们实际所做的工作是相吻合的。黑格尔认为,共相(在这里即哲学概念)要想得到确定的内容上的满足(contentfulness),就只能根据过程去理解,通过这一过程,共相实际上已被应用于殊相,并将这些殊相的偶然性结为一体。我认为这是黑格尔最深邃和最重要的洞见之一。但黑格尔由此继续主张,对于这一概念性传统在我们当中的继承者来说,在任何情形下都务必保证该传统成为理性的传统,这是其义不容辞的责任;这就是说,就在概念的正确应用与不正确应用之间具体体现并得到强化的区分而言,能够证明其合理性;换言之,如果某概念在此情形下可以应用,而在彼情形下必得停用,则应当能够给出理由。只有当我们能够这样做的时候,我们才有权理解,在应用概念的时候我们正在做什么。我们要履行这项义务,就要依靠理性地重建传统,发现一条融贯的、累积的轨迹,并通过这条轨迹将其揭示为在表达上不断进步的传统,这种进步也就是循序渐进地展开为对更强的清晰性的承诺;回过头来再看,该承诺总是已然隐含在这一传统当中了。换言之,我们的工作就是重新书写历史,从而在历史中发现,我们所揭示的就是当时通过回溯而使之显现为在先的自然本性的那些东西。黑格尔使这样一个洞见保持了平衡:如果我们认为合理性本身一定要求我们将历史解释为对各种自然本性的揭示,那么,即便是自然本性也具有历史。

[75]

我们的目的是要挑选概念的一系列先前的案例和应用,这些先例和应用就相当于勾画出概念的内容,这很像遵循判例法的法官必须做的工作。使传统成为合理的,并不独立于明确将传统视为合理的努力。这种辉格式①的重写学科史的活动,根据其系统性的包容和排斥,创造并展示出连续性和进步性,这就是每一次重新书写的正确性标准。与论题转换相对应的不连续性,对以往经验教训的遗忘,以及研究计划的蜕化,都从每一次讲述当中遁形为盲点,但在不同讲述之间的空隙中,差异仍然继续存在。每一代人都对自己特有的关注点和来之不易的经验教训给出全新的回溯性解读,从而重新界定其研究主题。不过,任何时候都有形形色色的解读,其中既包括彼此分庭抗礼的标准原则,也有在标明英雄人物和理解英雄业绩上的你争我夺。从事推论活动的前人留给我们丰富

———————————

① 所谓辉格式的历史学(Whiggish histories),是指 19 世纪初期,属于辉格党的一些历史学家从辉格党的利益出发,用历史作为工具来论证辉格党的政见,依现在来解释过去和历史,其中包括著名历史学家哈兰(H.Hallam)和麦考莱(T.B.Macaulay)。1931 年,英国历史学家巴特菲尔德(H.Butterfield)出版了史学巨著《历史的辉格解释》,将"辉格式的历史学"(或称"历史的辉格解释")的概念做了重要扩充。——译注

的思想成分,而从中制定标准,锻铸传统,便是人人都可以参与的游戏。

在本文中,我将就哲学家所做的工作,勾勒出如上所述的那种观点——理解由历史所解释的自然本性。

我们的事业是广义的认知性事业。我使用"广义的认知性"(broadly cognitive)要表明的是,在我看来哲学家的研究目标是理解(understanding),而非较为狭义的知识(knowledge)。哲学家著述的特有目标是某种独具特色的理解,而明确说明这种理解,也就把哲学家的事业与对理解的其他建设性的探求者(例如小说家和科学理论家)的事业区别开来。在此我要研究这一区别,但重点并不集中在创造性的非小说作品这种特殊类型之上,虽然哲学式的理解确是通过这种类型典型地传达出来的,而且我也认为这一研究领域确实值得考察。我将聚焦于这种理解本身的与众不同之处,既包括它的特殊主题,也包括它的特有目标。

[76]

哲学是一种自身反思(self-reflexive)的事业:理解不仅是哲学探究的目标,也是它的主题。哲学的主题就是我们,但只有我们才是能进行理解的生物,这就是说,我们乃是能进行推论的(discursive)存在者,是理由(reasons)的制造者和接受者,是真理的探寻者和发言人。当然,认为哲学是在探讨我们理性的本性和条件,这是非常传统的看法,事实上,这种看法如此传统,以至于容易把它看做古怪的、过时的观点。稍后我将具体讨论这个问题,这里只想简单地说明,理性主义(rationalism)是一回事,而理智主义(intellectualism)则是另一回事,因为实用主义者也关注那些给出和寻求理由(giving and asking for reasons)的实践。

在哲学家所肩负的任务中,我将其核心的要素理解为阐明概念(the explication of concepts),或者稍微更细致一点说,是对表达工具的发展和运用,而我们用这些工具是要将那些在概念的使用中隐含不明的东西阐释清楚(make explicit)①。当我说到"阐明概念"时,很难不让人想到"意义分析"。当然,在我所明确说明的工作与能够界定 20 世纪中叶"分析哲学"特别关注的工作之间,存在着明显的亲和性。事实上,我特别想谈到的是,就阐明概念而言,什么才是正确的。不过,我所考虑的因其方式不同而有所差异。阐明(Explication),或清晰地阐释,与分析(analysis)并不相同,至少与其典型的理解不同。例如,当我使用"阐明"这个术语时,相对于获得用来陈述的事实,我们在把握概念的内容上并没有更多特许的权力。概念和事实是一枚硬币的两面。

不过,最重要的差别是,在意义分析根本上是保守性事业的地方(试考虑分析悖论),我却认为,概念阐释的要害在于,它将这些概念敞露在理性批判之下。这一理性的事业,即给出和寻求理由的活动,就位于推论性活动的核心地带,不仅要求对信念的批判(因为这些信念可能是错误的或没有根据的),而且也要求对概念进行批判。我们能够将命题和方案作为赞同某个信念或意向的候选者加以运用,但有缺陷的概念却通过限制这些命题和方案,而扭曲我们的思想,钳制我们[77]的活动。这一钳制在我们背后和视野之外起作用,因为它们甚至连那些我们轻而易举就意识到的东西也加以限制。而哲学,在发展和运用概念的理性批判工具的过程中,把扭曲思想

———————————

① 布兰顿的代表作就叫 *Make It Explicit*。——译注

的影响拖到光天化日之下,把我们概念当中隐含的承诺暴露出来,使之更易于接受理性的质疑和论争,从而致力于将我们从枷锁中解放出来。

一

就理解概念而言,首先就要认识到概念是规范性的(normative)概念。这一教益,我们最终要归于康德,他是我们所有人的伟大而成熟的思想源泉。康德的首要观点就是把我们视为概念的制售者(trafficker)。事实上,在严格意义上讲,一切康德式的理性生物所能做的就是运用概念;因为他认为正是这类生物才由判断和行动构成,即由我们的理论活动和实践活动构成。康德认为,首先把判断和行动与自然王国中居民的单纯行为区别开来的东西,就在于判断和行动乃是我们在独特的意义上要为之负责的东西。这是康德最伟大的革新之一。判断和行动表达了属于我们的承诺(commitments)。通过下判断和作出行动,规范或规则决定了我们使自身去承诺的东西,决定了我们使自己去负责的东西,康德称这些规范或规则为"概念"。判断和行动包含着作出承诺,而承诺的保证书却总是潜在地处于争议之中。这就是说,体现在判断和行动中的承诺是我们可以或不可以有资格(entitled)去做的承诺,因此,我们总是可以提出这样的问题:它们是否正确,它们是否是我们应当承认或接受的承诺。就我们在判断和行动中所承担的责任而言,它所采取的形式之一,便是给出理由以证明该判断或行动的正当性。规则作为我们在判断和行动中所运用的概念,就决定了什么应算作这种判断和行动的理由。

承诺、资格（entitlement）、责任，这些都是规范性的概念。康德用自然领域与自由领域的义务论（*deontological*）区分取代了物理领域与精神领域的存在论（*ontological*）区分，也就是在仅依规则行动的东西和服从于独特的规范性评价的东西之间作出区分。因而对康德来说，伟大的哲学问题就是关于规范性的来源和本性的问题，也就是关于概念规则的约束力和有效性（Gültigkeit）的问题。

笛卡尔留给后人的是对确定性的关切，这涉及我们对概念和观念的把握，其典型问题是：我们是否对清楚分明的概念和观念有所把握。康德留给继承者的则是对必然性的关切，这关乎概念对我们的把握，即概念约束或强迫我们的方式。"必然的"（notwendig）对康德来说恰恰意味着"遵守法则"；这就是为什么他情愿把道德的必然性和自然的必然性说成是某一种属（genus）下的不同类型（species）。他认为休谟留给我们的重要教训不是怀疑论的威胁，而是如下两点：其一，如果我们不是根据因果法则去规定（*prescribe*）事物必须怎样，而只是一味描述（*describe*）事物实际上怎样，那么经验知识就怎样成为不可理解的东西；其二，如果我们仅仅停留在"是"的层面，对超出了单纯的实际所是的"应当"却唯恐避之不及，那么经验性的动机（从而包括行为者的动因）又如何成为不可理解的。康德继续追溯，他发现"著名的洛克先生"由于无法领会对知识的要求本质上具有规范性特征，从而转向了单纯的"知性的自然学（physiology）"，它追溯的不再是思想用以证明有效性的前提条件（justificatory antecedents），而是因果性的前提条件。但是康德却认为，赋予整个启蒙运动以生命的，至少是对上述规范性认识的模糊领会。因为人类要步入智力和精神上的成年与成熟,就在于担负起个人对承诺的责任;这些承诺无论是信念上的(doxastic),还是实践上的,都已经是笛卡尔笔下的沉思者所坚持的。

[79]

把规范性置于哲学关注的中心,这是导致了康德的另一个伟大变革,即赋予判断以首要地位。康德与传统看法决裂,将判断视为经验的、从而也是意识的最小单位。这是因为判断作为概念的运用,是认知者能够负责的最小单位。概念本身并不表达承诺,它们所决定的只是:一旦被运用,将会担负怎样的承诺。(弗雷格在表述康德的这一观点时是这样说的:可判断的内容是实际效力所能附着的最小单位,这种效力的典型例子就是断言的效力,它存在于承担着某种特殊承诺的断言者当中。维特根斯坦则会区分句子与词项和谓词,并将句子视为最小的表达单位,而独立地说出句子,能够被用作语言游戏中的一个步骤。)就康德对判断形式的理解而言,最一般的特征也来自它作为责任单位(unit of responsibility)的作用。"我思"能够伴随一切我的表象,因此其形态也是最空洞的,它是统觉的先验统一性的形式上的映像,也是确定概念运用(包括行动)的共同责任等级的责任的落脚点,即为其判断负责的东西。与判断形式的主观方面相联系的客观方面就是"对象=X",这是判断所指向的东西,也是判断使认识者对之负责的那种东西的形式映像。

我认为哲学是把我们作为能够判断和行动的生物来研究的,也就是说,把我们作为进行推论的、使用概念的生物。而且,康德强调,理解我们用这些术语在做什么,就是把各种规范性的地位归于我们,就是认为我们受不同的规范性评价的支配。我认为康德的强调是正确的。所以哲学的中心任务之一就是理解这一根本的规范性维度，而我们就位于这一维度当中。康德本人在这个问题上的思路，是对来自卢梭的诸多论题的发展，并以如下思想为基础：真正有规范性的权威（受规范的约束）之区别于因果性力量（受事实的约束），就在于规范性权威仅能约束那些承认它具有约束力的人。由于我们服从的权威只是我们想让自己服从的权威，因此规范性领域能够同样被理解为自由的领域。所以，被规范约束不仅与自由并行不悖，而且如果正确理解了自由，便可认为规范就是自由之所在。我真不知道还有别的什么思想能比这一思想更为深刻，更为艰难，也更为重要。

二

我说过，康德最基本的思想是，判断和行动就是我们以独特的方式为之负责的东西。可是，为之负责是什么意思？我认为，我们正在讨论的这种责任应被理解为任务性责任（task responsibility），即做某事的责任。判断和行动（还）会要求我们做什么呢？我们通过判断和行动而把概念应用于特定环境，从而担负的承诺，正是我们按照隐含在这些概念当中的规则（规范）的要求，可以或不可以有权去履行的承诺。表明我们根据规则而有权把概念应用于特定的情形下，就是去证明我们因之而担负的承诺的正当性，也就是为此提供理由。这就是我们要为之负责的，同时也是概念性承诺的实际内容。在担负概念性承诺时，我们要使自己在原则上有责任要求得到理由。在判断和行动中，我们让自身服从的那些规范性的评价，便是对我们的理由的评价。进一步说，为某个概念的运用提供理由,实际上总是在运用另一个概念,也就是在制造或者练习另一个判断,承担或承认另一个实际的承诺(即康德的"采用公理")。概念性的承诺既用作理由,又需要理由。这种能进行判断和行动的生物所寓居的规范化领域不仅是自由的领域,也是理由的领域。 [81]

为了理解那些隐含在概念中的正确运用的标准,需要我们理解在推理中那些概念所发挥的作用:哪些(概念的应用)可算是那种概念的应用的理由,那种概念的应用又是哪些(概念应用)的理由。因为要是没有这样的理解,我们就不可能履行我们通过判断或行动所承担的责任。因此,我们知道我们围绕理由空间的道路,从而区别开使用概念的生物与其他生物。掌握或理解概念就是能在实践上将其置于推理关系的网络之中,这就是说,就概念适当地应用于特定的情形而言,知道支持或反对这种应用的依据是什么,而且知道当概念适当地应用于特定的情形时,其适用性作为证据,支持或反对的是什么。我们知道(或相信)某某事情是事实,这种能力依赖于我们知道事情是怎样的,也就是辨别某某事情的理由是什么的能力。

对这一点的失察,其代价是将真正概念性活动(即判断和行动)同化掉,过分接近于单纯的动物行为,而动物并不在自由和理性的规范性领域内生存、活动,并拥有其存在。我们与其他动物(就此而言也与某些自动机器)都有对各种刺激作出不同回应的可靠能力。就我们倾向于对那些刺激作出可重复的不同反应而言,我们也和那些动物一样,可以被理解为是在把刺激分为各种不同的类型。我们能够说出"那是红的"这样的声音,从而对红色的东西作出有差别的反应。正如鸽子经过训练之后,给它示以红色按钮而非绿色按钮时,它就会用嘴啄不同的按钮一样,鹦鹉经过训练也能做到这一点。经验主义传统强调,我们获得经验知识的能力始于且决定性地依赖于这种可靠的且有差异的反应性倾向;这是正确的。

[82] 但事情始于这种分类却并不意味着终结于此。理性主义传统仅借助概念在推理中的作用,就强调我们分门别类的反应可视为概念的运用,因此亦可视为知识的候选;这种强调也是对的。鹦鹉会发出"那是红的"的声音,人也会发出这种声音,但二者之间的关键区别在于(假设在物理上难以区分),对于后者而非前者而言,这个声音具有作出论断的实际意蕴。作出论断便是采取一种规范性的立场,可以用作推出结论的前提。换言之,它可以作为采取其他立场的理由。而且,这种立场本身就能够处于需要理由的状态中,至少在由于采取了其他不相容的立场而对它造成挑战时是如此。鹦鹉的声音仅仅是反应性地表达,但就人而言,只要他被理解为在给予和寻求理由的游戏中有所行动,就可视为在运用概念。

塞拉斯(Sellars)在他最杰出的著作《经验主义和心灵哲学》(*Empiricism and the Philosophy of Mind*)中,从理性主义出发批判了经验主义。他最基本的观点是,就非由推理得出的知觉判断而言,经验主义者正确地把它们领会为构成知识的经验基础的判断,但即便是这些判断,只有在推理上得到清晰阐释,才能称得上是判断(即概念的应用)。因此,下面这种想法是根本错误的:存在着独自进行的语言游戏,尽管没有其他人玩自己也能玩,而且完全由不经推理即可得出的详细描述组成——不管这些描述说的是来自环境的刺激,还是自己心中当下的内容。要想非推理地运用任何的概念,我们也必须能够以推理的方式运用概念。概念的运用既可用作理由，亦需要理由，这是概念的一个本质特征。做一次描述或下一个知觉判断便是做一件事情，而这件事本质地而非偶然地具有这样的意蕴：为推理制造可靠的前提。要学会观察就须学会推理。经验和推理是硬币的两面，是概念使用所预设的两种能力，我们只有从它们相互的联系出发，这两种能力原则上才是可理解的。　　　　　　　　　　　　　　　　　　　　[83]

在推理上把反应清晰地表达出来，即可区分特定的概念性分类和仅来自不同反应性意向的分类，这就是说，概念的运用本质上能够既用作理由，又需要理由；这种要求就相当于在推论性的各种实践中，为给予和寻求理由的游戏分配突出的优先地位。因为首先是由于某个实际行为与给出理由的实践活动整合在一起，才使该行为成为推论性的。当然，除了使用概念进行论证和辩护之外，我们还能用概念做很多事情。某些后启蒙思想家想尽一切方式赋予语言使用在理性的认知性维度上的特权，这似乎是不适当的。但是如果我所勾勒的传统是正确的，那么，就艺术家和作家而言，他们充满想象力的事业令反对逻各斯中心主义的浪漫派人士钦佩不已，但他们以所有其他方式探索并发挥的使用概念的能力，却寄生于并无想象力的推理实践当中，而我们正是首先借助这些推理实践才有权将概念视为产生作用的。给出和寻求理由的游戏并不只是我们能够用语言来进行的诸多游戏中的一种，而是只有通过这种游戏，别的游戏才有资格算作语言(或思想)。在这个意义上，理性主义不蕴涵理智主义，理智主义认为每一种对实践的正当性的隐含把握，最终都可诉诸对原则的在先的清晰把握而得以说明。这种看法完全符合颠倒过来看待事情的实用主义。

三

就对概念的思考而言，我认为，概念是广义的推理性规范，这些规范隐含地支配着给予和寻求理由的实践。达米特曾提出一种有用的模式，借以思考概念性内容在推理上的清晰表述。① 达米特概括了根岑②为句子运算符而引入的意义模型，主张我们应当认为任何表达式的使用都包含两个组成要素：表达式得以适当运用的语境（circumstances），以及这样的使用所带来适当后果（consequences）。既然我们关心的是在使用语言表达式时所表达的概念的运用，我们就可以将其解释为概念的适当运用时的语境，以及这种运用带来的适当后果（这就是说，如果概念可以被运用，则会得到什么结果）。

[84]

概念可运用的某些语境和结果本质上可以是推理性的。例如，在可以运用"猩红"这一概念的地方都可以运用"红色"，这就是适当运用"红色"这一概念的语境之一；而这正相当于说：从"x 是猩红的"到"x 是红色的"这一推理是有效的。同样，"有色的"这一概念是可以应用的，这就是运用"红色"这一概念的结果之一；而这正相当于说：从"x 是红色的"到"x是有色的"这一推理是有效的。但是，像红色这样的概念也有其可运用的非推理性语境，例如红色的东西出现并可见。而且像"不公正"一类概念也具有其运用的非推理性结果，这

---

① 达米特：《弗雷格：语言哲学》(Michael Dummett, *Frege: Philosophy of Language*, New York: Harper and Row, 1973, p. 454)。

② 根岑(Gentzen, 1909—1945)，德国逻辑学家，于 1934 年用超穷归纳法证明了自然数算术的无矛盾性。——译注

就是说,他们可以使做某事(或不做某事)成为合宜的,可以把另一个论断弄成真的,而不仅仅是说它是对的或判断它是对的。

　　甚至关于可观察者的直接的经验概念和直接与实际相关的评价性概念,也具有其运用的非推论性后果,但是,我们能够把它们理解为具有可在推理上清晰阐明的内容。因为所有的概念都暗含着承诺,承诺的是从概念运用的语境到概念运用的后果这一推理过程的正当性。如果我们不遵循"从 x 是鲜红到 x 是有色的"这一推论过程的正确性,就不能把"红色"作为上面提到的既包括语境也包括后果的概念来使用。因此我们可以把支配概念使用的规范分解为三个要素:适当的概念运用的语境,概念运用的适当后果,从语境到后果这一推论过程的正当性。我更倾向于从广义上理解推理上的承诺,认为它包括了相关的语境和后果,因此是由这三个规范性要素构成的。 [85]

　　我一开始就主张,我们要把哲学视为担负着制造与使用用以进行概念批判的工具的活动。现在关键的问题是,概念可能掺有有缺陷的推理。达米特为我们提供了一个有启发意义的例子:

　　　　Boche[德国鬼子]这一蔑称就是一个简单的例子。这个词的运用条件是:其对象是具有德国国籍的人;其运用的后果是这个人与其他欧洲人相比,既粗俗又有残忍倾向。我们应当设想这两个方向上的联系足够紧密,从而二者都包含在这个词的真正意义当中,要想让它们分开单独使用,其意思就非改变不可。有些人之所以不接受这个词,原因在于他不允许从这个词的运用背景到运用后果的转换。①

（仔细考察一下这个在第一次世界大战中形成的法语蔑称不无裨益，因为这个词的实际效果现在已经和我们不沾边了，因此我们能够在理论上把握这个词是如何被使用的。但我们的思想应当在做相应变化之后仔细审视当前流行的蔑称。）达米特的观点是，如果你不承认"从具有德国国籍到野蛮残忍的非常倾向"这一推理是正确的，你就只有拒绝这个词。你无法否认"Boche"的存在，因为这种否认就等于否认"Boche"这一词语的使用语境曾经被满足过，也就是说，否认德国人的存在。但是，你也无法既承认"Boche"的存在，同时又否认这种人具有野蛮残忍的倾向（"我的几个好朋友是Boche"这句话玩的就是这种花招），因为那样就会导致在肯定的同时又否定。任何这类语词的使用都会让使用者承诺这种蜷曲隐含在其用法当中的推理。（在对奥斯卡·王尔德（Oscar Wilde）的审判中，控方朗读了《真诚的重要性》中的几段话之后，对他说："我将这一罪名归于你，那就是亵渎（blasphemy），是不是？是还是不是？"从我上面所强调的理由来看，王尔德的答复恰如其分："我没有用过'亵渎'这个词。"）

尽管这些词可能是最危险的，但是，与我们可能需要批判的推理结合在一起的语词，并不仅仅是那些遭到猛烈抨击的语词，这就是说，并不仅仅是那些将"描述性的"运用语境与"评价性的"运用后果联结在一起的词语。就从其语境到其

---

① 达米特：《弗雷格：语言哲学》（Dummett, *Frege: Philosophy of Language*, Harper and Row, New York, 1973, p. 454）。

后果的推理的正当性而言,任何表达式的使用都包括对这种正当性的承诺。这种推理几乎从不是逻辑上有效的推理,相反,它们正是塞拉斯所说的"有内容的"(material)推理,即清晰地说出所表达的概念的内容的推理。例如,关于人格同一性的经典讨论,就可被理解为采取了关于这种实质推理的论证形式。考虑到"同一个人"这一概念在(共同)责任归属上的重要性,我们能够同意、也可以假设其运用后果多多少少具有的论辩色彩。当我们不同意应与这个概念相配套的运用语境时(例如,究竟是肉体的或神经性的连续性,还是记忆在心理上的连续性在此更有价值),我们就确实不会同意从这些语境条件的获取到责任的归属这样一种推理的正确性。"什么是正确的概念"这个问题就是支持何种推理的问题。我认为,从这些方面出发就其他重要概念提出大量问题,并加以思考,其实不无裨益;这些问题都具有这样的探究形式,即在从运用语境到运用后果的推理中,我们应当承认哪些是正确的,其原因何在。对那些非常抽象概念(如道德上的错误、贪欲、美、真、说明、知道或证明),以及那些更为"含混不清"的概念(如不友好、残忍、文雅、公正以及理解),都可以从这些方面出发进行思考。 [87]

这些概念中任何一个的使用都包含实质性的在推理上的承诺,承诺的是从概念运用的适当语境到概念运用的结果这个实质性推理步骤的正当性。概念之所以是实质性的,正是因为与它们结合在一起的推理是实质性的。不过,如果我们根据真值条件来考察概念性内容,那么这一承诺就会完全变得视而不见了。因为真值条件的观念就是单一的条件集合的观念,这些条件同时也是概念运用的充分必要条件。关于单独必要（individually necessary）条件同时也是共同充分（jointly sufficient）条件的观念，就是一套关于概念运用后果的观念，这些后果也能够用作概念运用的语境。这样概念运用的语境就被理解为已经包括了概念运用的后果，所以概念的使用并不包含对实质性推理的赞成。关于此类概念的概念并不是不融贯的；它是逻辑概念或形式概念的范型。因此，它是引入逻辑联结词是否适切的标准，而这些逻辑联结词在推理上应当谨慎从事，这就是说，它们的引入和消去规则应当紧密联系，以至于它们不允许只包含旧词汇的新推理。不过，如果把逻辑词汇运用的语境和后果之间的关系作为模型，并将之扩展运用到有实质内容的、非逻辑的概念之上，而我们在大多数认识和实践事务中使用的就是这种概念，则是糟糕的想法。

之所以说那是个糟糕的想法，都是因为其固有的保守性。如果根据其真值条件（即个别必要同时又共同充分的条件）来理解该概念的含义及内容，就会把隐含在非逻辑概念使用当中的实质性的推理性承诺，当做不相干的东西排挤出去。但正是这些推理性承诺，应当借助具有实质内容的与之相伴随的信念而接受批判。谁不相信德国人特别野蛮或者有残忍倾向的，谁就不能使用"德国鬼子"这个蔑称，这正是因为他不赞同与这个概念相伴随的实质性推理。在其他模型中，这个分析结果是不起作用的。我们顶多能说不知道如何确定那个概念的真值条件。但是对概念来说，什么以及为什么容易引起反对，这种理论视角并没有涉及。对概念的批判也总是对其推理关联的批判。因为批判所有个别的充分条件（语境）是否"协调一致"，即是否是概念的运用语境，就是想知道它们是否都具有概念运用的同样结果（类似的，就是想知道

[88]

所有概念运用的后果是否都能"协调一致")。

四

　　当我们以我推荐的方式思考概念的内容时,不仅能认识到信念如何能够批判概念,而且能认识到概念如何能够用来批判信念。因为我们正是用那些结合在概念之中的有具体内容的推理,来详细说明各种有希望成为信念者的前提与结果,即表明我们会让自己承诺什么,什么让我们有资格担负这样的承诺,以及什么与这些承诺不相容,等等。一旦我们接受这样的观点:隐含于概念中的推理性规范,原则上能够根据作为特殊信念的证据来修正,那么概念性的和经验性的权威就似乎一枚硬币的两面。对我们的概念进行理性的辩护,依赖于发现事物是怎样的(即从什么实际上得出什么),这在诸如"德国鬼子"这样有严重缺陷的概念的例子中是极其明显的。

　　根据概念所支配的信念之间的联系来调整我们的信念,同时根据与这些概念结合在一起的推理所预设的实质性信念的依据来调整我们的概念,这项理性反思的事业是苏格拉底 [89] 引介给我们的。就统辖着给出和寻求理由的实践活动的论断而言,其间的理性的、规范性的联系是由自己带入语言游戏当中的,并有义务要求给出理由和辩护,而上述理性反思的事业就产生于此。说什么或想什么,弄清楚什么,就在于对概念的运用,从而也就是在理由空间中采取一种姿态,在给出和寻求理由的游戏中采取行动。我们谈论事物,以此发现事物是怎样的情况,而在此之前,该游戏的理由架构并未曾预先给定,因为什么是某某东西的真正理由,取决于这个东西实际上如何。但是,推理的结构本身能够成为各种论断和思想的主题,它能够以论断的形式而将自身阐释清楚:从什么会得出什么,哪些论断是支持或反对其他论断的证据,通过作出确定的判断或实施特定的行动,我们还使自己承诺了别的什么。就从德国国籍到野蛮残忍的倾向的推理而言,只要对其正当性的承诺在运用诸如"Boche"等概念上,仍然完全含混不清,那么,它就躲避了理性的细致审查。而当我们以清晰的条件句"如果谁是德国人,谁就是野蛮的、有残忍倾向的"来表达时,它就要受到理性的质疑和评估,因为这一判断将面临这样的反证:巴赫、歌德同样是德国人却没有残忍倾向。

推论性的清晰,概念的运用,就是康德式的统觉或意识。对于能够通过推理清晰阐明的概念性规范而言,只有借助它们,我们才能对任何东西有所意识,或推论性地意识到任何东西;而把这些规范置于推论性的清晰性当中,便是反思或自我意识的任务。这是哲学独具特色的表达性任务。当然,专门学科(如膜生理学)的从业者,也关心以一定的运用语境和后果,去揭示和批评在概念使用中(如可溶性油脂)所隐含的推理性承诺。正是对"任何东西"的强调,区分了哲学反思和在专门学科内进行的更集中的反思。我在前面把一个思想归于康德,这个思想就是把我们确认为独特的理性生物,即把我们理解为服从于某种规范性评价的生物,也就是说,我们是能够担负承诺和责任的,而根据可算是这些承诺和责任的理由的东西(以及它们为之提供理由的其他承诺和责任)清晰地阐释它们的内容,它们也就得到了概念性的清晰阐释。提供并配置用以表达的工具箱,在工具箱里装满概念,让这些概念有助于我们在一般意义上清晰阐明合理性和规范性的方方面面,这就是哲学确定无疑的义务之一。哲学的主题是一切装扮之下的规范性和一切形式当中的推理。哲学的任务是表达性的,阐释性的。所以设计和制造专门的表达工具,并且通过使用来打磨和塑造它们,这就是各种哲学子领域从业者的工作。在最一般的水平上,推理上的联系通过条件句而得到清晰阐释,它们的规范性力量通过道义论上的(deontic)词汇而得到清晰阐释。哲学的不同分支可用它们处理和阐释的不同推理和规范性来区分,这就是说,可用这些分支所关心的"如果……那么……"或"应该"的各种专门意义来区分。因此,例如科学哲学家提出并运用条件句,用以系统地整理因果性的、功能性的、目的论的以及其他说明性的推理联系,而就那些由常识的、法律的、伦理的、审美的"应然"等等所表达的赞同之间的差异而言,价值理论家使我们对这些差异的意蕴的评价更为锐利。

五

一开始我就说过,我认为哲学是根据其历史而不是其自然本性来定义的,不过,遵循黑格尔的思想,我认为我们的任务就是:通过在其历史中或从其历史出发,发现或制造其自然本性,从而理解哲学。不过,今天我在那个方向上所表达的态度,也可以被概括为一种不同类型的定义,即实指性定义:哲 [91] 学就是康德和黑格尔所做的那种工作(也许有人马上把柏拉图、亚里士多德、弗雷格、维根斯坦也加到这个名单上,但这样一来,我们就开始着手把态度变成故事,其实也就是变成历史了)。于是也许有人会问:为什么不就那样说,那样做? 如我所说,一方面我认为指名道姓(specification)是很好的开始,另一方面我也认为,尝试去弄清楚康德和黑格尔(还有弗雷格、维特根斯坦)做的究竟是怎样的事情,是相当重要的。做这项工作并非仅仅把哲学当做某种具有历史的东西而向它招手致意就能够满足的。应该做的,是尝试理智地重构传统,将它重铸为一种模式,在这种模式中,我们能够看到一系列的观念在涌现,并得到表达、精炼和发展。

我和那些巨人一样,也认为哲学作为一门学科,其独具特色的关注点乃是某种自我意识,即意识到我们本身乃是特别地具有推论能力(即制售概念)的生物。哲学的任务就是从给出和寻求理由的社会性实践开始,去理解概念性的规范和活动的条件、本性和后果,我们使这些规范和活动成为可能,而这些规范和活动也使我们得以可能。作为概念的使用者,即便我们总也不过是在缓解那种含混不清的情境、条件、技巧和惯例的所形成的背景,我们毕竟是能够清晰阐释事物是怎样的、我们又在做什么的存在者。在我们的阐释能力能够依托的东西中,正是这些使用真正概念的能力,使得对任何东西的清晰阐释成为可能。我要说,做这样的事情,就是在从事哲学活动(philosophizing)。

我们很容易被下面那些如同回归家园一般的熟悉感受所误导,所以相应地,将哲学这种特征和与之容易混淆的相邻学科的特征区别开来,就非常重要。这种看法与康德将哲学加冕为"各学科之女王"的做法存在着明显的亲和性。正因如此,哲学确实将其视野扩大到涵盖所有广义的推论性活动之上,这就是说,在一般意义上预设了判断、动因和智识(sapience)能力的所有活动。但在此意义上,哲学至多是各学科的

[92]

女皇之一,而非唯一的女皇。因为在其权限领域中,哲学傲视天下的范围并不适于将其与心理学、社会学、文学或文化批评,甚至新闻学区别开来。将哲学与其他学科区分开来的,是它对一般意义上的推理性的关注所具有的表达特性,而非其包罗万象的范围。我的简要勾勒意在介绍与哲学相称的特别的不同之处,而不是相对于其他学科的独一无二的特权。

而且,按照我对哲学的刻画,哲学相当于其他学科,并不扮演一种基础性的角色。在取得最终证明的某种序列当中,哲学的论断并不优先于专门科学的论断。哲学也并不坐在这一证明过程的另一端,像终审法官那样君临判断和行动的正当性;当然,概念的日常运用和实践运用的可靠保证,在未经哲学探究的确证之前,在某种程度上仍然是临时的。同样,我所描述的哲学也并不坚持任何方法论的特权和洞见,如果这些特权和洞见可能潜在地与其他学科实际的方式方法相冲突的话。

实际上,哲学本身适当的关注对象是一般意义上的规范性的本性,特别是规范性当中的概念性类型,从而也就一般意义上的推理和对正当性的证明;当这些关注对其他学科发生影响的时候,将其特征刻画为"婢女"也同样适当。因为在我们所做的工作中,那些一直被误认为具有基础性的和方法论意蕴的部分,实际上是在提供和运用工具,以阐释隐含在整个文化(包括研究高深文化的专门学科)当中的实质性承诺。以论断的形式把那些规范和推理阐释清楚,也就是首次把它们暴露在理由充分的评价、质疑和捍卫当中,因此就是将它们暴露在理性的修正之下,而这种修正正是概念演进的主要过程。但是,一旦含混不清的预设和结论被敞露于清晰性的光 [93]

天化日之下，那么评价和修正的过程、从而概念的演进也就是概念所有者自身的工作，而不是哲学家对其拥有特殊权威或专门技艺的东西了。换言之，哲学家的工作便是找到出路，以便增进语义的和推论性的自我意识。我们运用那种自我意识所做的事情，并非是我们作为哲学家的事业，不过作为普遍意义上的知识分子的事业，自然是当之无愧。

哲学的表达性工作的基础，在于它强调要把我们当做一种特定的东西，即进行表达的东西，同时也就是概念性规范的创造物和创造者，理由的生产者和消费者，由于我们服从于来自更好的理由所特有的规范性力量，因而与其他东西区别开来。这种表达性活动把我们作为特别的规范性的创造物来考虑，从而使哲学与经验学科（包括自然科学和社会科学）分道扬镳。正是这规范性的特征，把那些思想潮流结合在一起，用斯坦利·卡维尔独具匠心的精辟格言来概括，就是康德使认识论、弗雷格使逻辑学、维特根斯坦使心理学去心理主义化（depsychologized）。当然，黑格尔使历史去心理主义化也可以加在里面。这里谈到的去心理主义化策略同样也是去社会学化（desociologizing），因为它重新把注意力集中于对概念的规范性约束之上，而这些概念是在基础层面上的一般性经验知识、推理和思想当中得以施展的。这一策略超出了狭义的（就原因的可描述性次序而言的）自然的东西，而走向黑格尔称之为"精神"（geistlich）的东西，即规范性次序。

对我们概念的规范性的特别关注使哲学与其他人文学科，与文学及造型艺术分道扬镳了。推理上的清晰阐释把概 [94] 念性承诺区分出来，由此这些承诺能够互为理由，且需要理由，而它们作为理由的资格总是潜在地处于争论之中。现在，就给出和寻求理由的实践而言,我断言它们具有核心的和不可或缺的特性,实际上也就是标准作用;但我绝不是说,推理(甚或是思想)是谁都应该做的。我要说的是,哲学家的独特关注点,一方面在于制售理由的实践还使别的什么东西成为可能,以及如何使之成为可能;另一方面在于什么使得这些实践成为可能,这就是说,哪一类"行"堪称"言",相信或说出是怎样基于"知道如何去做"(know how)的。正是这一系列独特的关注,使哲学成为理由的聚会,使哲学家成为规范的朋友,也正是这些朋友把我们在推论上清晰阐释的能力,引导到推论的清晰性的光明之中。　　　　　　　　　　　[95]

4　哲学:启蒙的辩护,启蒙的批判

艾伦·伍德

　　什么是哲学?如果你向一些哲学教授请教这个问题,可以指望:通过回答这个问题,他们告诉你好几样东西。也许你想听到的是他们如何看待适合于学术课程的哲学科目。也许你想看看他们如何努力为大学里哲学或哲学系的地位辩护。也许你想知道在哲学领域内持不同立场或专业方向的哲学家,如何尝试在整体上描述这个领域。也许你想听听他们如何努力论证他们自己的哲学观点的有效性,或是自己研究的子领域的核心地位(至少也是不可或缺的地位)。

　　我在这里要说的内容,可以视为一种自白,说明我为什么决意在哲学领域内求得学术性职业(我相信这些原因将会给人一种不切实际的印象——它们时常也让我这样想)。此外,我对伦理学和近代哲学史感兴趣,产生这些兴趣的原因也决定了我在下面要讲的内容,因此读者也将看到涉及这两方面的一些内容。但是,我必须一开始就立即承认,读者可能对我刚才说的"好几样东西"抱有一些期望,但在接下来的论述中,我并不会刻意去满足。我不会直接地论证哲学史的重要

[96]

性,关于伦理或社会的哲学理论的重要性。我尤其无意于说明或者捍卫大学里哲学系存在的合理性。至于哲学是否具有独特的方法或主题(比如专门处理区别于经验知识的先天知识),我也不会认为这个问题有多重要。当然,我并不否认实在(reality)是连贯而有条理的,也不否认人类知识应该连贯而有条理,而且知识可以区分出先天的和经验的成分。虽然哲学就是讨论这些问题的学科,但我认为它们并不能直接地回答"什么是哲学"的问题,也不直接说明哲学系在大学中存在的理论根据。

在我看来,大学不是(也不必是)以"在关节处切割实在"①的方式,或是以反思人类知识结构的方式组织起来的。学术领域是(而且应当是)由不同研究传统决定的,这些传统成功地吸引了并训练出其成员,也成功地贡献出在探求知识、学术研究和教育上有价值的东西。学术训练和职业独立存在唯一的理由就是它的这种存在方式一直是成功的,而且人们期待继续以这种方式获得成功。我认为哲学这个学术领域现在更加满足这个条件,但是在这里我不打算论证这个观点。

不管哲学可能是别的什么,哲学就是一种自我反思(self-reflective)的活动。因此,"什么是诗歌"不必成为诗歌的主题(当然也可以是),"什么是物理"对物理学家来说也不是问题 [97] (即便为了回答这个问题,需要关于物理学的知识),但"什么是哲学?"就是一个哲学问题。由于哲学作为自我反思的活动,其范围相当宽泛,上面的另外两个问题,连同"什么是真理"、"什么是知识"以及"什么是善"这样的问题一道,实际上

①　语出柏拉图《斐德若》篇,265d—266a。——译注

都属于哲学。

然而，很少有哲学家花时间界定哲学是什么。他们对"元哲学"(meta-philosophy)的相对忽视，我认为非常正确。"什么是哲学"不是基础性的(甚至特别重要的)哲学问题，这一点实际上告诉我们一些关于哲学反思的道理。哲学反思获得其重要意义的途径，与其说来自其仅作为哲学反思的本性，不如说来自对其反思对象的发现，这些反思对象包括知识的本质、善、美等，这些发现既表现为问题或困惑，也采取了回答或可断言的真理的形式。在我们能够开始致力于这些发现之前，我们不需要理解(甚至困惑于)哲学反思自身的本性。但我并不否认哲学家可以问"什么是哲学"，也不否认他们可以从中获益。

辩护性问题与分析性问题

"X 是什么?"这种形式的问题总是可以用两种方式来问，其中 X 是人的某种特性、官能、机能或活动。或者是分析性的(analytical，即描述的或说明的)问题，有关 X 事实上是什么；或者是规范的或者说辩护性的(apologetic)问题，有关 X 应当是什么。就辩护性问题而言，其答案告诉我们"X 是什么"取决于"X 应当是什么"，X 的当下状态不是它所应是的状态这一点并不构成对这一答案的反驳。

[98]　　如果一个虔诚的基督徒问："什么是基督教?"一个爱国的美国人问："什么是美国道路?"这样的问题通常被视为辩护性问题。因为在人类生活中实际存在的东西很少是完美的，或用黑格尔式的话说，因为偶然存在的事物永不会是完全合理的，所以永远不会是完全现实的；故而关于人事上的"X

是什么?"的问题,常会引发招致公开批评的答案,甚至是令人泄气的答案。对(实际存在的)基督教的研究都也不可能忽视道德伪善和宗教不宽容在宗教习俗中的作用,同样,对美国道路的诚实探索又怎能低估白人种族主义和资本主义剥削之类的罪恶在美国文化中的重要性呢? 但是正因如此,基督教的护教论会把诚实和宽容描绘为基督教的美德,对美国道路的辩护性说明也会把种族平等和人人享有的自由和正义包括在美国道路之内。

在柏拉图《理想国》第一卷中,苏格拉底和他的朋友只是辩护性地考察"什么是正义"的问题,这令色拉叙马霍斯(Thrasymachus)十分恼怒,于是提出了自己关于正义的极具批判性的解释。在《高尔吉亚篇》中,苏格拉底自己也如法炮制,非常狡猾地处理了"什么是修辞学"的问题。苏格拉底否认修辞学是一种说服的技艺,旨在谋求政治权力的善,相反,他认为修辞术仅仅是溜须拍马或误导诱骗的经验性窍门,对使用者损多于益。① 有些至少可以追溯到柏拉图的哲学观点认为,对事物的正确的分析性描述就是去准确界定其真实本性,并给出正确的辩护性描述。因此,为了理解什么是正义,苏格拉底和他的朋友在《理想国》中力图构建一幅完全公正的城邦和完全公正的灵魂的图景。同样,他力求以贬抑的方式,把修辞学理解为正义的假象,然后探求关于什么是正义的辩护性描述。就什么是修辞学和什么是正义这两个问题的关系而言,不管上述描述是否正确,辩护性的质疑和批判性的质[99]

---

① 柏拉图:《理想国》343—348;《高尔吉亚篇》463—465(Plato, *Republic* 343-348, *Gorgias* 463-465)。

疑都具有合法性的，并且能够相互补充。

至于"什么是哲学"这个问题，我打算从辩护性的方式开始。我的回答并不想囊括曾被冠以"哲学"之名的所有东西，也不会试图总结所有可能的辩护性描述，况且许多描述之间还是相互冲突的。就像所有辩护性描述一样，我只想说说我认为哲学迄今为止是什么（当然不会说得有多完美），以及哲学中哪些最重要的部分应当继续存在下去——我希望这一问题能讲得更完美一些。

一个熟悉的故事告诉我们，哲学开始于古希腊的来自米利都的泰勒斯，一个力图摆脱诗意虚构和宗教神话，运用人类的理智探寻事物本性的人。不管这个故事包含着历史事实，抑或只是关于哲学起源的虚构，但对我来说虚构也至少传达了一些正确的信息。因为我认为，对哲学的辩护性理解应该强调哲学与艺术和宗教的区别，应该聚焦于人类理性的努力尝试：独立理解世界，并在世界中发挥作用。①

诗歌、宗教和哲学都是人类的思维形式，都以某种方式界定生命的终极目的，至少也要反思这个终极目的是否能被界定，如果被界定。为了达到这一目标，诗性思维与艺术思维让事物（艺术对象）成为有价值的，而不考虑它们的实用性，例如，追求其内在的完满，沉思它们带来的内在愉悦，或者追求它们提供的特殊的启示性体验。诗性思维会探求并发现令哲学感兴趣的真理，正如哲学会发现能产生出美的东西的真理一样。

---

① 我们对认知官能的自然的和自主的（self-directed）运用需要在特定背景中才能与和其他运用区分开来，这些其他运用被来自外部的其他力量所引导，如传统、诗意灵感或宗教启示。按照我对哲学的理解，如果缺乏这种背景，甚至根本就不可能形成哲学这个概念。

但是,在艺术中不是通过理性思考揭示真理,而是通过直接的直观或知觉来实现。宗教思维常常关注终极目的,关注对整个实在的理解。但是,它追求真理或终极目的,靠的是超越人 [100] 类自然推理能力的力量。哲学并不一定拒斥诗性灵感和宗教启示,反而认为要实现人生目的,它们必不可少,但是,哲学将人类理性视为判断其中真假内容的唯一可容许的标准,因此也是衡量它们的正确尺度。

哲学与启蒙

　　哲学史上我最推崇的典范是 18 世纪"启蒙运动"①。因此对于"什么是哲学"这个问题,我把自己的回答理解为出自启蒙运动(Enlightenment)的回答。

　　康德把启蒙定义为人从"自我导致的不成熟状态"(self-incurred minority)中解放出来。所谓不成熟状态指一个人只能在他人的权威或指引下才能运用自己的理性。这种不成熟状态是"自我导致的",并不是由于理性的不成熟和缺陷,而是由于理性拒绝信任自己:它更喜欢被庇护的安全与舒适,以逃避独立思考带来的风险和责任(康德,8:35)。② 启蒙运动视其自身为哲学的时代,其中最杰出、最有远见的思想家自豪地引领了启蒙哲学家(*philosophe*)的潮流。他们追求的是让人类理性独立而共同的运用,对一切事物进行最终判断,尤其

---

　　① 英语:Enlightenment;法语:éclaircissment;德语:Aufklärung。——译注

　　② 本文引用的康德著作均标注普鲁士科学院版《康德著作全集》的卷次和页码(Kants Schriften, in the Akademie Ausgabe, Berlin: de Gruyter, 1900)。《纯粹理性批判》引文例外,以 A/B 加页码的形式标出两版页码。

是对人类的思想体系和社会制度。

　　有人怀疑，在自视为启蒙者①的 18 世纪思想家那里，真有什么东西汇集为单一的启蒙规划吗？在历史中，如同在哲学中一样，对于每一个问题的怀疑论的方面，可说得总有很多（实际上太多了）。头脑清醒的人在怀疑论论证的消费上总是很节制，因为在所有商品中，它们属于既能让美食家食指大动，但若享用过度又会兴奋过头、衰弱不堪的一类。将启蒙运动视为真实而单一的运动，最好的理由并不是一些启蒙哲学家将他们自己视为这一运动的一部分，而是我们应该把我们自己视为启蒙运动的继承人，并因此应对启蒙运动形成统一的理解，将其纳入自我认识的核心部分。

[101]

　　在 20 世纪，与在 18 世纪一样，启蒙的敌人常常不仅包括它的天敌，如政治专制和宗教迷信，也包括它自己的产物，即那些将自己视为真正的自由思想家和思想解放者的人，他们批评的却是启蒙运动凭借傲慢而虚假的借口，要求思想解放和政治解放，这一现象相当突出。有一种恶意歪曲启蒙运动的观点认为其本质特征一是实证主义的独断论（positivistic dogmatism），二是把理性降格为工具理性，这两个特征在政治上会导致一种唯科学主义的集权统治（scientistic statism），服务于随意出现的任何非理性目的。② 这实际上将启蒙仅同它

---

　　① 法语：lumières；德语：Auflkärer。——译注
　　② 参见米歇尔·福柯：《何谓批判？》，载《何谓启蒙？18 世纪的答案和 20 世纪的问题》（Michel Foucault, "What is critique?" in *What Is Enlightenment? Eighteenth-Century Answers and Twentieth-Century Questions*, ed. James Schmidt, Berkeley：University of California Press, 1996, 388）。当然，这一描述只是霍克海默和阿多诺对启蒙的著名抨击的更晚近的版本。参见《启蒙辩证法》（Horkheimer and Adorno, *The Dialectic of Enlightenment*, trans. John Cummig, New York：Continuum, 1973）。

历史上的敌人的行径混为一谈,然后以某些价值为基础批判启蒙,殊不知这些价值恰恰是批判者从启蒙本身当中抽取出来的。就在这些批判还有一丝真理的地方,例如批判者揭示出 18 世纪哲学家身上的种族主义和家长制的傲慢,它们只是在指责启蒙运动还没有达到我们现在的某种状态,却没想到这种状态恰恰是启蒙运动塑造的。甚至更不公平的是,指责启蒙还没有成为我们现在仍然渴望达到而尚未达到的状态。

这些指控隐含的真相是,承认启蒙传统自身就是所有这些渴求的来源。但这些指控本身常常是在极力逃避责任,这些责任是在接受启蒙的价值后被赋予的。这一点可以从下面这种人身上看出来,在任何道德和政治问题上,他们总是想站在启蒙的开明的一边,却又想对启蒙原则采取没心没肺的虚无主义态度,仿佛他们能站在正确的一边,仅仅是由于其内在的善,根本不需要对自己理性地思考一番。对启蒙的批判总是攻击它的傲慢、虚伪和自欺。但是自负和自欺(bad faith)的最拙劣的形式也总能在这些批判中找出来。 [102]

我在哲学和艺术与宗教之间所做的对比,会让我们想起黑格尔对绝对精神的三分法。但是看看启蒙哲学家们(philosophes)如何思考这个问题,会让我们改进和修正这一说法。达朗贝尔(Jean le Rond d'Alembert)在《百科全书》(*Encyclopedia*,在 1751—1765 年之间出版了 17 卷)的绪论中,将人类心智的活动分为三个领域:(1)记忆(memory)的领域,包括历史(自然的和人类的、宗教的和世俗的)和所有实用艺术;(2)想象(imagination)的领域,包括最广泛意义上的一切"诗歌",无论是宗教的还是世俗的叙事、戏剧、绘画、雕刻和音乐;(3)理性(reason)的领域,其范围就是哲学,首先包括形而上学(metaphysics,即关于一般存在的科学、神学,以及关于灵魂或精神的知识),其次就是关于自然的知识(可分为数学和物理学),再次是关于人的知识(由逻辑学和伦理学构成)(《绪论》I:xlvii-lii,特别是l-li和第144—145页的表格)①。

从另一方面讲,我们现在经常对比哲学和科学(自然科学或者社会科学)。但是按照启蒙哲学家对哲学的理解——我也打算这样理解——科学与哲学没有根本差别,毋宁说科学是哲学能够采取的一种形式。直到19世纪的某个时候,人们才开始使用被认为不同于哲学的科学(science)一词。②

[103]

并不存在所谓"科学方法",将科学与哲学、宗教、伪科学或别的东西区分开来。科学能够与哲学区分开来的方式只是偶然的,与所有学科和系科彼此区分的方式没有两样。我打

① 所有自狄德罗主编的《百科全书》(*Encyclopédic, ou Dictionnaire raisonné des sciences, des arts et des métiers, par une société des gens des lettres. Mis en ordre à publié par M. Diderot*, Paris: Briasson, 1751—1765.)的引文格式如下:条目或论文的法文标题,然后是最初版本的卷数和页数。同时引用英文译文处,第一次出现时会注明英文版本,英译文页码在法文页码后面,用(/)隔开。达朗贝尔的《绪论》("Discours Preliminaire")引用的英译本是:*Preliminary Discourse to the Encyclopedia of Diderot*, trans. R. Schwab(Indianapolis: Bobbs-Merrill, 1963)。【有兴趣的读者可参看中文节译本:《狄德罗的〈百科全书〉》,梁从诫译,花城出版社2007年版。——译注】

② 牛顿的《原理》全称是《自然哲学的数学原理》。在19世纪上半叶,实验室设备还被称为"哲学工具"。在我看来,这样使用哲学(philosophy)和哲学的(philosophical)这两个术语在那个时候是完全合适的。"科学的"思维能够和哲学区别开来,仅仅是因为科学通过确定的研究技术、方法和理论,成功地处理具体的研究主题。有种观点认为存在着"科学方法",它说明各门科学的共同之处是什么,科学如何区别于哲学或形而上学。这种观点在我看来一直都是错误的。

算在辩护性意义上使用哲学这个术语,就此而言,科学只是它的组成部分。①

启蒙的辩护

就启蒙运动时期力图对哲学的辩护性问题的回答而言,我们来看看可以说是最真实可靠的来源,这就是《百科全书》中的"哲学"条目和更著名的题为"哲学家"(Philosophe)的条目。这两个条目的作者都是匿名的。其中"哲学家"条目是一篇名为《为哲学辩护》的知名短论的缩写(可能是狄德罗缩写的),这篇短论最初出版于 1743 年,伏尔泰认为作者是他的

---

① 物理学能够成为哲学的一部分,而无需"什么是物理学"这个哲学问题成为物理学的一部分。这是因为物理学并不是哲学中致力于讨论什么是物理学的那部分。哲学与诸科学的差别可以形象地视为人与人的代际差异。我们可以把哲学理解为(步入中年的)父母,科学则是哲学的孩子(尚在青春期或刚刚步入成年)。就典型家庭而言,孩子有过度自信和自高自大的倾向,急于摆脱父母而独立,对父母不能与时俱进,固守陈旧观念而不愿吐故纳新很不耐烦。有时候孩子不顾父母的警告,轻率鲁莽地去做一些不明智的事情。父母的警告有时候是明智的,但也有时候表现出过度的谨慎,而且没有充分认识到孩子面对的已经是一个新世界,而父母的经验已不再是可靠的生活指南了。同样,科学有时候也认识不到哲学问题的重大意义,认为自己找到正确的方法,或者能够回答这些问题(如果它们值得回答的话),或者可以避开这些问题(因为它们不值得费事)。众所周知,一些最伟大的科学发现必须克服来自哲学家的阻力,因为这些哲学家在思考这些发现对他们的要求时,拒绝接受作出根本改变。另一方面,那些被其创立者和拥护者鼓吹为"科学的"很多理论,无论是科学内部的理论,还是关于科学的理论,因其过度自信,几代之后就彻底名誉扫地,而它们曾经轻蔑对待的哲学问题和哲学的怀疑却活得更长久。比起科学和哲学的兄弟阋墙,更重要的是他们之间紧密的血缘关系和根本上的连续性。

朋友、语法学家杜马尔塞。① 杜马尔塞的主要著作是论转义
(tropes,即修辞上的形象化说法)②。(《辩护》一文是否为杜
马尔塞所做,至今存疑,不过这里就存而不论了。)③《辩护》
在 18 世纪名气很大,现在则少有人所知,所以我概述如下。④

　　杜马尔塞一开始就拒绝了通常的看法,即认为哲学家过着
离群索居、谨小慎微的生活,只要读了一点书,就显出有智慧的
样子(Philosophe,XII:509/284)。由此开始,他也承认,通常对
哲学家的抱怨是认为他们将自己从宗教教育的偏见中解放出

---

　　① 　杜马尔塞(César ChesneauDu Marsais,1676—1756)系法国哲学家
和语法学家,在启蒙运动中享有盛名,对狄德罗《百科全书》也有贡
献。——译注

　　② 　文学理论家至今仍对这部著作感兴趣,此书也得以重新出版。
见 Dumarsais,*Des tropes*,*ou*,*Des differents sens*,Paris:Flammarion,1988。

　　③ 　关于这篇文章的历史和著者,狄克曼在其著作中做了广泛研究
(Herbert Dieckmann,*Le Philosophe*,St. Louis:Washington University Studies,
New Series,No. 18,1948)。狄克曼既怀疑文章为杜马尔塞所做,也怀疑是
狄德罗本人为将其收入《百科全书》而加以删改的。"哲学家"条目的英译
文出自:Diderot,D'Alembert et al.,*Encyclopedia*(*Selections*),trans. N. Hoyt
and T. Cassirer(Indianapolis:Bobbs-Merrill,1965),283-290。【对此文感兴
趣的读者,可参看郭昌京译,《世界文学》2001 年第 2 期第 11—13 页,或陈
宣良译,《法国研究》1984 年第 3 期第 60—61 页。因两个中译文均不完
整,英文版可参看:Du Marsais,César Chesneau. "Philosopher." The Encyclo-
pedia of Diderot & d'Alembert Collaborative Translation Project. Translated by
Dena Goodman. Ann Arbor:MPublishing,University of Michigan Library,2002.
http://hdl. handle. net/2027/spo.did2222. 0000. 001。——译注】

　　④ 　《百科全书》版的这个条目略去了一些对宗教的露骨的攻击,这
些内容本来是包含在杜马尔塞的篇幅更长的论文中的。还有一部研究著
作声称包含了杜马尔塞《辩护》的全部内容,但显然出自霍尔巴赫之手
(Paul Henri Thiry,baron d'Holbach,*Essai sur les préjugés*,*ou*,*De l'influence
des opinions sur les moeurs & sur le bonheur des hommes*:*Ouvrages contenant
l'apohgie de la philosophie par Dumarsais*,Paris:J. Desray,L'an I de la Repub-
lique français[1792])。但是,实际上这部书中没有逐字逐句引用《辩护》
里面的文字。

来，自觉十分骄傲，以至于变得不合群，傲慢地贬低其他人，认为别人都是愚蠢、盲目和懦弱的。杜马尔塞着手回应这些抱怨，他要通过描绘真正的哲学家，准确地区分哲学家和普通人。[104]

　　他说，普通人，或者说没有哲学素养的人，行动却不知其行动的原因，甚至根本没想到有这些原因。哲学家的基本特征就是去寻找这些原因，然后自觉地使自己被推动自己的原因所推动，从而避免被他们并没有选择来推动他们的那些原因所左右（*Philosophe*，XII：509/284）。他说，这就是理性的真谛，也是过上理性生活的真谛："理性之于哲学家，如同神恩之于基督徒"——这就是说，这个原则推动着他们行动（*Philosophe*，XII：509/284）。"其他人受自身的激情左右；行动之前不做反思：他们是黑暗中行走的人。哲学家则不然，即使在自己的激情中，也只会根据反思而行动：他在黑暗中行走，却有一把火炬指引。"（*Philosophe*，XII：509/285）

　　理性或自由行为并不需要让我们的行为不被原因所引发，也不需要让激情缺席。它甚至都不需要让我们免于在黑暗中行走这样的人类普遍状态。但是，哲学家却是举着自我认识的火炬，穿行于黑暗之中。在意识到使他们运动的原因之后，哲学家获得了批判能力，能挑出哪些是运动的原因（思想、条件、情感和激情）。因此，哲学家们不在表面上接受原则，而是探寻原则的起源，从而可以在源头理解每一条基本原理，知道它的真正价值和它的应用范围（*Philosophe*，XII：509/285）①。哲学家不仅接受真的就是真的，假的就是假的，

――――――――――

　　①　正如杜马尔塞所说，"真理之于哲学家并非破坏其想象力的情妇，且因此他认为处处可见"（*Philosophe*，XII：509/285）。

[105] 而且把可能的接受为可能的，把可疑的接受为可疑的。换言之，为了成为自由的即理性的人，为了通过认识我的基本原理的起源、价值和适用范围，选择出促使我行动的哪些原因，我必须总是把我的信念赋予证据。与之对立的就是宗教狂热者的行为，他们对真理的热爱使他们信仰了那种堕落的形式，即受激情支配的意志。正是因为他们不能准确地将其信仰的原因限定在信仰的证据上，其信仰必定总是对他们处于某种晦涩和神秘的方式中；当他们把信仰归于神灵感应的时候，这个缺点反倒被伪装成了优点（现在我们开始理解杜马尔塞那句有些隐秘的警句了："理性之于哲学家，如同神恩之于基督徒。"）

"哲学家"条目告诉我们，哲学面对两大障碍，一是权威，二是体系化的精神（*Philosophie*，XII：514）。体系化的精神，鼓励我们发现真理之间的关联，培育了探索真理的精神，但是，如果它只让我们认识到能够证实自己观点的东西，而无视反驳自己观点的论据，它就侵蚀了哲学精神（*Philosophie*，XII：515）。而权威，则是哲学不折不扣的敌人，因为由于康德所说的"自我导致的不成熟状态"，权威使我们放弃了自己的思想责任，而由其他人的理解取而代之。"真正的哲学家不会借助他人之眼去看，只会根据证据而形成自己的信念。"（*Philosophie*，XII：514）

杜马尔塞继续指出，理智的骄傲自大最坏、最危险的形式，并不是信赖自己的理性，而是急不可耐地强迫自己下判断，是认为得不出结论令人羞愧，发现自己在怀疑是糟糕透顶的（*Philosophe*，XII：510/285）。"哲学家并不依附于某个体系，使自己不能理解反对该体系的异议的力量。大多数人固执己见,以致于压根不想咨询他人的观点。而哲学家则能清晰理解他所拒绝的观点,如同他理解自己的观点一样清晰。"(*Philosophe*,XII:510/286)

[106]

杜马尔塞顺理成章,回应了对哲学家常见的指责,即认为哲学家离群索居、不喜交往。"人不是只应潜于海底或遁入深林的怪物……无论在何种情况下,他都知道,他的需求和他对幸福的渴望,使他必须生活在社会之中。理性要求他了解并研究社会交往的才能,并努力掌握它们。"因此,在社会生活中,"我们的哲学家并不相信他们生活在流放之中,身在敌对的国土之上"(*Philosophe*,XII:510/286)。恰恰相反,"哲学家挚爱社会"。"他把文明社会视若地上的神祇"(*Philosophe*,XII:510/287)。因此,杜马尔塞因而极力主张,真正的哲学家必定要正道直行,是恪尽职守和正直诚实的楷模,是最真实的"正人君子"(honnete homme)的模范(*Philosophe*,XII:510/287)。出于同样原因,真正的哲学家"远非斯多亚派那种冷漠、无动于衷的贤哲"。"哲学家是人,而他们的贤人皆为幻影(*Philosophe*,XII:510/288–289)"。"这种对社会的爱在哲学家那里必不可少,印证了安东尼皇帝①的话:'若国王为哲学家,或哲学家为国王,则万民何幸如之!'"(*Philosophe*,XII:510/288)杜马尔塞总结了他对哲学家肖像的描绘:真正的哲学家因其与他人共享人性而骄傲;他既不因野心难以满足而饱受折磨,也不像苦行僧那样清苦寡欲;相反,他享受着生活

---

① 安东尼·庇护(Antoninus Pius,公元 86—161),罗马皇帝,"五贤君"之一。曾任帝国总督等职务,138 年被哈德良皇帝收为义子,指定为继承人。继位后曾平定不列颠等地叛乱,治下帝国一片繁荣升平。他的两位继承人之一,就是《沉思录》的作者·奥勒留(Marcus Aurelius)。——译注

的舒适,其程度是"最适度的奢侈,其本身就足以带来幸福"。
(*Philosophe*, *XII*:511/289)

哲学反思与社会交往

[107] 　　杜马尔塞在《百科全书》中的"哲学家"词条不是为一种活动辩护,而是为一类特定类型的人辩护,所以该词条不像是直接回应"什么是哲学"的问题。杜马尔塞为哲学家所做的辩护,有一点倒与哲学家的指控者一致,但今天的哲学家(至少是哲学教授)几乎没有人会同意,即哲学家在很显著的方面不同于普通人。事实上,在回复关于哲学家傲慢自大的指责时,杜马尔塞所采取的立场,我们绝大多数人都会认为不合情理,而且明显弄巧成拙。因为实际上,他的主张并非否认哲学家傲慢自大,反而在为哲学家傲慢自大的合理性辩护,因为真正的哲学家确实比普通人更智慧,更自由,也更具美德。

　　不过,要辨别出经久不衰的哲学问题并不容易,这一点司空见惯,因为在不同时代,这些问题会呈现出不同外观。细致谨慎地研究哲学史的一个主要原因,就是不同时代的不同解释,是这些问题在时间中的同一性的重要部分。有时候,某个陈述实际上表达了我们对某个问题的立场,但我们却可能视而不见,因为在不熟悉的历史语境中,那个立场也许就戴上了面具,我们不仅不熟悉这个面具,甚至还会厌恶它。我要指出,指责哲学家傲慢自大、不合群的,这只是我们习以为常的那个指责的 18 世纪版本,那个指责就是"知识分子即精英论者"(Intellectuals are elitists)。当然,遭到这种指责的不仅有职业哲学家,也许还有持历史进步论的社会科学家、文学理论家、女性主义者，甚至还有自然科学家，因为这些人力图介入社会政治论战，并持进步论立场，也就是说，他们追求更广泛的公民自由、更少的经济压迫和人与人之间更富有理性的共同体（用 18 世纪的语汇说，就是拥护自由、平等和博爱）。与当年一样，理性地理解世界（尤其是社会世界）的尝试，和鼓动社会进步变革的尝试，都被认为顶多是的理想化的不切实际的练习，毫无成功的可能。但是批判性的客观独立通常不仅被当做无用的，还被攻击为颠覆社会秩序的危险行为（或 [108] 者以左翼观点视之，则是颠覆某些社会运动的危险行为）。

　　面对这些指责，杜马尔塞为哲学辩护，回答道：真正的哲学家必定"是将反思意识和精确思想与善交际者的举止和品性结合在一起的"（*Philosophe*，XII：511/288）。仅凭这一主张便可使他为哲学家辩护，回击那个责难，即理性的反思意识不过是傲慢自大的一种形式，傲慢自大使哲学家孤立于社会。杜马尔塞并不否认哲学会放松对一些价值的严格要求，这些价值（特别是宗教价值）正是责难者所珍视的。杜马尔塞的答复是，哲学所支持的那种善于社会交往的能力，只是应当让我们和公民同胞都需要的。不过，对这论断的论证，恰恰隐藏在杜马尔塞高度修辞的话语之下。

　　或许最接近语词表面的就是：哲学家的理性反思的基础，就是他为了行动而对自我认知的承诺。哲学家想知道促动他的原因，这样他就可以估量原因的价值，选择那些值得他选择的原因来促动他。然而，反思的自我认知的一个明显结果就是，他发现，作为人，哲学家需要和他人共同生活，为了实现其人之为人的特性，哲学家不但不能从社会中抽身而出，而且必须培养他们善于社会交往的能力。这一论证显然需要一个实例来补充，这就是哲学家需要正直的社会交际能力，需要献身于公共利益，而不是自私自利的解放和机会主义的利用。不过，至少对我来说，不管怎样杜马尔塞还走在正确的道路上。

[109] 杜马尔塞在辩护中还提出了更深入的论证。哲学家之所以能自由而理性地行动，是因为他理解促使他行动的原因，知道他所遵循的原则的起源。这类知识解放了他，因为他能估量他的动机和行为准则的真正价值，从而按照经得起理性反思的原因而行动。杜马尔塞认为，这种反思基于两种理解，一是理解了与自己的原则相反对的原则，二是理解了支持这些异己原则的论证。杜马尔塞指出，为了获得这两种理解，哲学家必须仔细考虑其他人的意见，理解这些意见的基础，就像他要理解自己的意见及其论证一样。如果哲学家自高自大，坚信自身的优越地位而脱离社会，那么，要获得这种理解就是不可能的；如果他拒绝尊重别人，或者只有在他认为别人会提供机会从而增进其自身利益时，他才对别人的意见感兴趣，这同样会不可能获得这种理解。哲学家自由行动的基本特性，是基于反思性的自我理解，因而要求社交行为能力和尊重他人。

我已提到过，我们今天不大会赞同杜马尔塞捍卫哲学的方式，即主张哲学家拥有优越地位，在普通人中是出类拔萃的特殊人群。我刚刚给出的论证指向了一个康德明确得出的结论。对康德来说，"哲学"一词指的就是"智慧之学"（science of wisdom）。"智慧"意味着一种关于行为的最终目的的知识。于是，称某人为"哲学家"，用康德的话说，就是称其为"了解智慧的大师，他要说的将超过一个谦虚的人所自命的，而哲学将会和智慧本身一样，还一直保持为一个理想"（Kant 5：109）。康德并不反对描绘一幅哲学家理想的画像，只要这幅画像是用来使那些当得起哲学家名号的人谦卑，而不是使他们自鸣得意："另一方面，对于胆敢以一个哲学家的头衔来自居的人，一旦人们通过定义而把将大大降低他的资格的自我评估尺度摆在他面前，就会吓退他的自大，这也不是坏事。"（Kant 5：108–109）①

　　哲学家，如果就这个词指实际的人而言，自然不会和其他人群有多大不同。但是，如果我们说的不是哲学家异于常人，而是说，不幸的是，在人类生活中，不论就个体而言，还是作为整体来看，基于对自身原则的反思而行动，在反思中理解了这些原则的起源，对其价值做了真正的估计，这样的人实在不寻常，那么，我们仍然可以保留杜马尔塞辩护的主旨。18 世纪，作为启蒙的世纪，见证了许多力图提供这种理解的现代理论的诞生，如今这些理论与卢梭、斯密、边沁、黑格尔、马克思和弗洛伊德等大名联系在一起的。这些理论不仅致力于把握人类生活，而且要改造生活——有时是彻底改造。理性是认识世界的能力，但更主要地是作用于世界的能力，因为理性也是以社会为导向的，理性的首要使命就是改造社会秩序，即实现自由、平等、博爱的启蒙理想。在 18 世纪，这表现为自由宪政主义和共和主义与宗教等级制度和迷信支持下的传统世袭贵族政治之间的斗争；在 19 世纪和 20 世纪，主要采取了反对各种压迫的斗争形式——阶级的、种族的、文化的和性别的压迫。

---

　　①　这两条出自康德著作的引文见《实践理性批判》，载李秋零主编：《康德著作全集》，第 5 卷，中国人民大学出版社 2007 年版，第 115—116 页。——译注

启蒙的哲学批判

[111] 启蒙传统在这些斗争中顶多是成败参半。若由此观之，杜马尔塞对理想哲学家的形象描绘，视之为异于常人，无疑承认了这样的事实：为理性反思所指导的生活（尤其是集体社会生活）的可能性，仍然是与日常生活尖锐对立的理想，在日常生活中，我们发现自己举步维艰，因为对日常生活来说，重要的不是理性和对自己透彻的反思，也不是自由交流和富有公德心的共同体，而只是集体的不自由的制度，由对权力、财富和名声的盲目竞争所驱使；在那里，交往形式越来越仅仅采取工具或武器的形式，这些工具和武器在统治权力的支配下更具排他性。

这些思考直接导向对"什么是哲学"这个问题分析的（或批判的）的考察，而这种批判是对此问题的辩护性思考的必要补充，但我承认，在这里这种批判被耽搁得太久了，这当然是因为我对哲学的喜爱甚至偏袒。考察的起点是杜马尔塞洞见到，批判性反思来自社会也服务于社会，哲学产生于我们的社会交往能力，也应当属于这种能力。然而作为哲学，批判性思考看起来只是个人的私人占有物，甚至只属于特定的少数人（即哲学家），这群极少数人自然必定捍卫自己，驳斥所谓不合群的指控。甚至当启蒙将哲学理解为批判性反思的社会活动时，它也将哲学理解为超然于社会生活的活动，这种孤立意在为哲学赢得宽容，但也使哲学看起来矫揉造作，软弱无力。对康德和德国启蒙运动来说，哲学的社会方面属于学者的分内职责。"学者"（德文 Gelehrten，英文 scholars 或 the learned)是那些在公共场合仅作为理性的个体、学者大众(learned public)的一员,彼此自由发表见解的人——即便他们作为私人,其言行必须受他们对国家和职务的责任所限(Kant 8:36—41)。① 哈曼,康德的一个反启蒙的朋友,并不费力地讽刺了康德的这一思想,将"理性的公开运用"(public use of reason)形容为只是在理性的私人运用吃了"糊口面包"[112](daily bread)之后,享用"奢侈的饭后甜点"(sumptuous dessert)而已。② 于是,哲学被宣判为一种批判性思想的形式,目标是实际改造这个世界,但实质上仍然与世界相分离。哲学死于它自身的辩证特性:要理解它是什么,就要理解为什么它永远不能成为它想要成为的。

这种对启蒙哲学的批判,就像其他更时髦的对启蒙思维的批判一样,很明显已经为启蒙自身所理解。在《拉摩的侄儿》(Rameau's Nephew)中,狄德罗通过非常精彩的讽刺性对话,让启蒙哲学家(明显就是狄德罗自己)直面一个满怀嫉妒的二流音乐家的心理阴暗的、反讽式的反思,这个音乐家其实是一流的聪明人和社交场上的溜须拍马之徒。著名作曲家拉摩的侄儿,由于无意中太过诚实,冒犯了他的保护人,刚刚被

---

　　① 语出康德:《回答这个问题:什么是启蒙》,载《康德著作全集》第8卷,李秋零译,中国人民大学出版社 2010 年版,第 41—42 页。——译注

　　② 哈曼:《致克里斯蒂安·雅科布·克劳斯的信》(J. G. Hamann, Letter to Christian Jacob Kxaus, 18 December 1784, in Schmidt, *What Is Enlightenment?*, 148)。【约翰·格奥尔格·哈曼(1730—1788)是 18 世纪德国思想中最复杂最有影响的人物之一。哈曼的这封信,写于 1784 年 12 月 18 日,考察了康德近来就"什么是启蒙?"这个问题发表的文章。克里斯蒂安·雅科布·克劳斯(1753—1807)是哥尼斯堡大学实践哲学和政治科学教授,也是康德的学生和朋友。——译注】

排斥在富人和权贵世界之外。① 拉摩的侄子的经历体现了哲学家看到的他周围的腐化世界，但同时拉摩的侄子也看到了远比哲学家看得更清楚的内在矛盾。更进一步说，他看到哲学实质上空洞无物，毫无用处，与真实生活的实际过程毫无关系（《拉摩的侄儿》，第 30—34、62—66 页）。拉摩的侄儿极为机制敏锐地分析了我们的社会环境，而致力于道德说教的哲学家却只能超然远离于整个社会环境，既谴责这个社会的虚伪，又谴责拉摩的侄儿对社会的批评，因为他的批评既不虔敬，亦无道德。对拉摩的侄儿本人来说，哲学家提出的建议不外乎接受事物的实际状况，哲学家甚至告诉他应该与所冒犯的人和解（《拉摩的侄儿》，第 32、40、62 页）。

狄德罗写作《拉摩的侄儿》的时候，心里到底想的是什么，恐怕永远不会有人确切知道。但是我们应当从中吸取的教益是，哲学家在现代社会里的社会作用是极其复杂难解的问题，而启蒙哲学家探究个人生活和社会改革所采取的不折不扣的道德说教则肤浅得不可救药。哲学应当把握社会实在，以使自己理解其自身的社会作用和社会功能，并针对实在采取合乎实际的定位，以使实在将反思理性的目标现实化，若

[113]

----

① 狄德罗：《拉摩的侄儿》(Denis Diderot, *Le neveu de Rameau/Rameaus Neffe*, Dual language (French-German) edition, Frankfurt：Insel, 1996)。这里的引文是法文版页码。这篇对话完成于 1761 年后的某个时期，在狄德罗 1784 年去世时仍未出版，直到 1805 年出版后才为人所知。当时其手稿的一个副本与狄德罗的其他文件显然到了席勒手中，并由歌德翻译成德文后出版。【所以最早在发给出版的《拉摩的侄儿》实际上是歌德的德文译本的法文译本。直到 1891 年，即狄德罗去世后的第 107 年，也就是此书完成后 130 年，法兰西喜剧院的图书管理员乔治·蒙瓦尔根据自己在巴黎一位旧书商家中发现的狄德罗亲笔抄本，出版了此书，才使人看到了这部作品真实完整的原貌。——译注】

非如此,则本应构成哲学家生活之基础的理性反思将永远是有缺陷的。

如果我们使用启蒙传统发展过程后期的词汇,说哲学在本质上是意识形态(ideology),就能以最佳方式表明我关于哲学的思考的关键点。就这个词的意义而言,我和马克思是一致的:意识形态是脱离社会实践的思考,正因如此,它永远不能实现其自身显明的理性行为的根本目的。无论哲学通过将现存社会秩序神秘化从而肯定之,抑或哲学反对现存社会秩序,却只能通过批判性反思来把握和拒斥现存秩序,而无力改变之,都会受到谴责。早期马克思最准确地表达了这一观点,他说实践并不否定哲学,而是使哲学成为现实,哲学的现实化同时也就是哲学的扬弃(*Aufhebung*)。① 如果我们将这种青年黑格尔式的语言译为我使用的更当代化的表达,马克思的意思是:只有哲学停止扮演它迄今为止在现代社会所扮演的社会角色,而代之以成为改造社会的社会运动的一部分,批判性反思才能指导行动。"哲学家只是用不同的方式解释世界,问题在于改变世界。"②

马克思当然认为,他知道哲学如何使自身成为现实。刚刚引述的评论就是马克思作为建议给出的——既给哲学家同时也给政治活动家。无产阶级要在哲学中找到自己的精神武器,正如哲学要在无产阶级身上找到自己的物质武器一样。哲学的现实化(同时也是哲学的扬弃)就是人的普遍解放。③

---

① 卡尔·马克思:《〈黑格尔法哲学批判〉导言》(1843),载《马克思著作选读》(Karl Marx, "Critique of Hegel's Philosophy of Right: Introduction" (1843), in *Marx: Selections*, ed. Allen Wood, New York: Macmillan, 1988, 28)。
② 同上,第82页。
③ 同上,第33—34页。

[114]　不过可惜，我并不这样认为，也不想让我的观点成为马克思认为他应该提供的那种建议。我对启蒙哲学过度强调道德说教持保留态度，但除此之外，我也无意批判杜马尔塞所描述的哲学所表现出的那种思维方式，推而广之，就是启蒙思想的激进传统直到今天依然表现出来的那种哲学。可惜的是，哲学和社会仍处在这样的阶段：世界在能被改变之前必须要以不同方式来解释。我在这一方面对激进启蒙传统的主要指控只是一种显而易见的指控——它的代言人太少，而且他们对事物发展进程的影响过于孱弱。

　　我尤其不会同意对启蒙思想的那种流行的批判，因其主张"理性"不过是另一种权力（power）样式，而哲学家（或知识分子）这个阶级带着科学的自命不凡，也只不过是另一个神职阶层，力图将人置于其监护之下而已。我之所以反对这些指控，并不是因为它们说的没有道理，而是因为它们根本不是对启蒙原则的批判。相反，它们不仅预设了那些原则，而且还在相当程度上预设了那种关于社会和历史的启蒙观念。事实上，它们指责的不过是启蒙思想家没有完成他们自选的历史使命。

　　福柯把启蒙的真正完成形容为"一种精神气质，一种哲学生活，在其中，对'我们是什么'的批判思考，同时也就是对施加于我们之上的种种限制的历史分析，也是一次事关超越这些限制的可能性的实验"。① 但是，我们不应该像福柯那样说，当人们生活在这种精神当中的时候，他们只是在寻找启蒙

───────────────

　　①　福柯：《什么是启蒙》，载《福柯读本》（Michel Foucault, *A Foucault Reader*, ed. Paul Rabinow, New York: Pantheon, 1984, 50）。

的成熟的成年状态,不如说,人们已经达到了这种成年状态,而人们对理性立场的进一步探寻,也只是人的处境,因为它必须被成熟的成人所采纳。我们现在面对的障碍与 18 世纪一样,就是这种开明的精神气质的敌人统治着世界,因此具备这种气质的人就无法将福柯所说的"哲学生活"融入他们的真实生活。这也是因为——狄德罗的对话已经说得一清二楚了——即使是最开明的个体也不曾属于这样的社会,也就是说这个社会的实际生活哪怕是在最低限度上与反思性理性的要求紧密结合在一起。 [115]

然而,对我来说,隐藏在最近流行的对启蒙的内部批判背后的真实动机,常常不过是以为启蒙所孕育的进步理想已经失败了,这些理想要么停滞不前,要么(如马克思主义的社会主义)通常被认为已经穷途末路。那些同情这些已经幻灭的理想目标的批评家也是四顾茫然,因为他们无法理解究竟哪里出了错,而且由于他们缺少康德称之为启蒙本质的成熟状态,他们的第一选择就是找到心理学上的辩解,以掩饰失败带来的耻辱。有的信徒对其具有超凡魅力的领袖一度深信不疑,认为其不可战胜,而今却将其领袖的垮台视若对自己的背叛行为,遂对其领袖破口咒骂;那些批评家对启蒙的批判与这些信徒的诅咒何其相似。

这些批评者真正想做的是重新创造进步思维和实践的概念,但是他们根本不清楚在寻找什么,只要他们仍然沉溺于怀疑主义、唯美主义和自我颠覆之中,就永远找不到目标。他们需要的只是勇敢地面对这样的事实:启蒙在历史上的失败不是由于启蒙运动的内在缺陷,而是由于(至少就目前来说)启蒙的传统敌人过于强大,最主要的敌人是根深蒂固的权力体

系和特权制度，它们在面对自由的时候非常清楚如何利用习俗的十足魅力、古老迷信的慰藉和幼稚的畏惧，为自己的利益

[116] 服务。

对于我们这些继续坚守启蒙运动所构想的哲学目标的人来说，不能怀着历史必然性的信念去追求哲学目标。相反，我们的精神必定审慎地承认，对一位诚实的思想者来说，即对杜马尔塞意义上的哲学家来说，除此之外别无可以接受的选择。这就是为什么即便是阿多诺和福柯这样的 20 世纪的启蒙批判者最终都没有与启蒙断然决裂的原因。他们在探索新的、更少折中色彩的方式，以清晰地阐明启蒙的目标，启蒙的支持者要能够感同身受。我们自然也渴求更有效的策略，以便在改变了的历史条件下实现那些目标。但这些新策略只是新的手段，使那些 18 世纪的理想在这个已遭湮没的时代清晰可辨，使我们发现（或创造）新的行动者，在根本上未曾改变的关于人类解放的叙事中扮演耳熟能详的角色。

在为《百科全书》撰写"百科全书"（*Encyclopedia*）这个词条时，狄德罗宣称，编写这样一部百科全书，"这样的事业只能产生于一个哲学的世纪"（《百科全书》，V：644/18）。① 如今，在我们这样一个非哲学的世纪里，唯有以坚忍不拔之志，坚持不懈之精神，重提启蒙运动的那些最激进的目的，方能为

[117] 哲学辩护。

① 英文引文见狄德罗"百科全书"词条，载《袖珍启蒙运动读本》（Denis Diderot，Encyclopedie in *The Portable Enlightenment Reader*，ed. Isaac Kramnick，New York：Penguin，1995）。

5 公共哲学与国际女性主义①

Martha C.Nussbaum　玛莎·努斯鲍姆

你想知道哲学给人以什么吗？那就是切实的指导。一个人濒于死亡，另一人一贫如洗……有些人被人虐待，另一些人被诸神虐待。那你，为什么给我写这些琐碎无聊之事？现在没有时间玩闹：你一直被当做那些不幸的人的律师，因为你要许诺帮助那些身陷绝境的人，饱受牢狱之苦的人，贫病的人，以及那些命悬一线的人。

——塞涅卡：《道德书简》

既然从真实但不清楚的说明开始，向前推进，就会得到清楚的说明，如果总是用更为真实的知识来替换习惯的混乱说明的话。在每一探讨中，哲学式说明的论证与非哲学式的论证是不同的。所以，一定不要以为对政治人物来说，涉足下面这种思考是多余的：不仅弄清楚事物"是什么"，而且还弄清楚它"为什么"。因为在每一个领域中，这样的思

---

① 感谢戴夫（John Deigh）和森斯坦（Cass Sunstein）对本章初稿的评论。

考才是哲学家的贡献。

——亚里士多德:《优台谟伦理学》

[121]　　艾哈迈达巴德(Ahmedabad)是印度古吉拉特邦(Gujarat)的纺织工业城市,这里曾是圣雄甘地(Mahatma Gandhi)按照他的非暴力抵抗原则,组织劳工运动的地方。游人来此,目的也是为了参观纺织博物馆和甘地静修处。不过,现在这座城市再次引起世人关注,因为这里发起了另一场抵抗运动,这就是妇女自雇就业协会(Self Employed Women's Association,简称 SEWA)发起的运动。① 该协会会员超过五万人,在过去二十年多中,通过借贷、教育和组织工会等方式,在非正规行业(informal sector)帮助女性工人改善了生活条件。在艾哈迈达巴德,一条被污染的河将城市一分为二,在河一侧是些破烂不堪的旧建筑,妇女自雇就业协会最初就建于此地,现为员工办公地点。在河的另一侧是教育部门和妇女自雇就业协会银行,最近才搬入一座大理石外观的办公楼中。这里所有的顾客和雇员都是女性。②

　　瓦萨蒂(Vasanti)坐在老办公楼会议室里地板上。她 30

---

①　埃拉·巴特(Ela Bhatt)是印度最大的草根协会之一,妇女自雇协会(SEWA,Self Employed Women Association)的创始人,由 1972 创办初期的一个农村 30 名妇女会员发展到今天有接近 80 万会员,遍布印度数个邦。SEWA 有自己的注册银行、保险公司、出版社、手工艺品生产及设计公司、农产品贸易公司、录像制作公司、很多有它们会员的农村都设有托儿所、幼儿园,主要服务农村及城市的妇女。——译注

②　关于妇女自雇就业协会(SEWA)历史,参见卡利玛·罗丝:《妇女领导的地方:印度妇女自雇就业协会运动》(Kalima Rose, *Where Women are Leaders:The SEWA Movement in India*, Delhi:Vistaar,1992,172-174)。

岁出头，身材矮小，肤色黝黑，身着一件非常漂亮的铁青色莎丽，①长发整齐地在头顶挽成发髻。她温柔丰满，看起来坐着比走更舒服。要不是她的牙齿歪歪扭扭，颜色斑驳，也算是比较健康的。后来我的同事玛莎·陈（Martha Chen）告诉我，瓦萨蒂是拉吉普特人，这意味着她出身于良好的种姓阶层。②我可想不通人们是怎么知道这些的。瓦萨蒂是跟朋友蔻琪拉（Kokila）一起来的，蔻琪拉比她年龄稍长，但出身于较低种姓，是个陶罐匠人，也在当地议会大厅当看门人。她高高的个子，是个很有激情的社区组织者，她经常帮助警察做些家庭暴力案件的辨认工作。瓦萨蒂轻声细语，说话时也总是低着头，眼里却充满了活力。

　　瓦萨蒂的丈夫是个赌徒加酒鬼，常常拿家里的钱去买醉。钱花光后，他去做了输精管切除手术，报酬是当地政府的现金奖励。因此瓦萨蒂没有孩子给自己做帮手。最后，丈夫越来越虐待她，她再也无法和他生活下去，便回到娘家。她的父亲 [122]曾制造过辛格牌缝纫机的部件，现已过世。但她的兄弟们仍在父亲留下来的店铺里，继续经营着汽车零部件生意。瓦萨蒂用一台父亲曾经用过的机器，依靠这个铺子生活，通过在莎丽顶部打一些用来挂钩的小孔，获得微薄的收入，同时，兄弟们还借给她一些钱，用来购买能够压平莎丽边角的机器。但是她并不想靠兄弟们生活，因为他们都已经结婚生子，而且可能也不想长时间支持她。于是，在妇女自雇就业协会的帮助下，她自己从银行贷款，把借兄弟的钱还了。现在，她已经差

_____

①　Sari，印度妇女裹身包头或披肩的整段布和绸。——译注
②　拉吉普特人（Rajput）是印度北方一部分专操军职的人，自称是古印度战士，种姓刹帝利。——译注

不多偿还了妇女自雇就业协会的全部债务，并且还拥有两个储蓄账户，每个月可以挣到 500 卢比，能过上比较体面的生活了。因此她希望能够更多地参与妇女自雇就业协会的事务。① 她说，妇女之间一般缺乏团结，有钱的女性更是利用那些没钱的。相反，在妇女自雇就业协会中，她能够找到集体归属感。尽管蔻琪拉的社会阶层跟她的大相径庭，脾气也大不一样，但跟蔻琪拉共事，她显然很快乐。

现在，瓦萨蒂充满活力，直视着我们，不像以前一直低着头，声音也变得清晰有力。她说，印度的女性很苦，我这辈子也有很多不幸，但是苦难产生力量。既然我们自己能够过得好一些了，那么也希望为其他妇女做一些有益的事情，让我们感到自己都是善良的人。

在喀拉拉邦的特里凡德琅（Trivandrum of Kerala），三月末的天气如同蒸笼，加亚玛（Jayamma）站在简陋的小屋外面。② 你最先注意到的是她笔直的腰板和充满力量的动作。她的牙齿掉光了，眼睛蒙眬不清，头发也很稀少，但是，她够得上在团里当个头目，命令自己的部队投入战斗。所以，听说她

---

① 根据印度的刑事诉讼法（Criminal Procedure Code），发给贫困妇女的基本生活费在 1986 年是每月 180 卢比。

② 与瓦萨蒂不同，加亚玛在发展经济学文献中已有研究。见《泥瓦工加亚玛》，载里拉·古拉蒂：《贫困妇女概况：对喀拉拉邦五个贫穷女工人的研究》（"Jayamma, the Brick Worker," in Leela Gulati, *Profiles in Female Poverty: a Study of Five Poor Working Women in Kerala*, Delhi: Hindustan Publishing Company, 1981），以及里拉·古拉蒂和米图·古拉蒂：《无工会组织部门中的女性劳动者：再访泥瓦工》，《经济和政治周刊》；也见于玛莎·陈（编辑）：《印度寡妇：社会忽视和公共行动》（Leela Gulati and Mitu Gulati, "Female Labour in the Unorganised Sector: The Brick Worker Revisited," *Economic and Political Weekly* May 3, 1997, 968 – 971; Martha A. Chen (ed.), *Widows in India: Social Neglect and Public Action*, New Delhi: Sage, 1998）。

曾与她的孩子及邻居激烈争吵过，我一点也不惊讶。她咀嚼烟草时，颌骨突出。作为埃扎哈瓦人（Ezhava，一个较低但还不算贱民的种姓），加亚玛在两方面都是失败的：既缺乏社会地位，也无资格享受由政府为最低等种姓设立的积极行动计划项目。她仍旧居住在特里凡德琅市郊的政府土地上的自搭 [123] 棚里。在退休前的大约 45 年里，她每天都要去砖窑搬运砖块多达八个小时。她把砖块放到头顶上，每天能搬运 500 到 700 块。哪天的收入也没有超过 5 卢比，而且能不能干上活还要看天气情况。加亚玛把一块板子放到自己的头上，每次在上面放上 20 块砖，同时用脖子的力量保持木板的平衡，然后快速运到砖窑。到达砖窑后，她必须把砖块卸下。脖子一动都不能动，把砖头每两块两块地传递给装窑的人。男人在制砖这一行当里，大多是先要做一段时间这类重活，但是很快就可以出师，做一些不那么辛苦的技术活，如像制砖和装窑，一直可以干到中年甚至更老的年纪，这些活不但报酬可达到加亚玛的两倍，也更轻松，危险也更小。但这从来都没有妇女的份，妇女也不允许学习相关的技术。如同印度绝大多数小行业一样，砖窑被认为是家庭手工业，所以工人不受任何工会组织保护。所有工人待遇都特别低，妇女更遭受一些特别的歧视。加亚玛虽感到自己很亏，但也无可奈何。

所以在六十五六岁时，加亚玛就不能再做像搬砖那样的重体力活，她找不到活可干了。她不愿到别人家里做女仆，因为在她那个地方，仆人被认为是丢人且掉价的。加亚玛还补充了颇具政治意味的解释："作为仆人，你的盟友就站到你的敌人一边了。"她虽然是寡妇，却无法从政府那里获得寡妇的抚恤金，因为村里办公室的人告诉她，原因在于她还有几个四肢健全的儿子，但事实上儿子拒绝赡养她。尽管人生中有这样那样的不幸，加亚玛却很坚强，富有反抗精神，也很健康。她虽不太爱说话，却带着她的访问者四处看看，并确保他们得到酸橙汁和水的招待。

哲学家在特里凡德琅的贫民窟里做什么呢？我们是否有理由认为，哲学家应该做点什么贡献呢？比如改善像瓦萨蒂和加亚玛那样的人的生活？当今世界的联系越来越紧密，要解决紧迫的现实问题，我们就必须与不同文化、阶级和社会背景的人持续交流。最紧迫的问题包括营养和卫生健康的不平等、教育的不平等、防止暴力侵害的不平等、公民权的不平等，当今全球大量妇女都遭遇着这种不平等的命运。我的主张是，哲学在引导公众生活中的确要有所贡献，尤其与影响这些妇女生活的政策制定密切相关，同时，哲学的一项重要作用就是建设性地参与这些国际政治论争。

我们现在仅聚焦于一个问题，即在阐明和讨论"生活品质"(the quality of life)的标准上，哲学有何作用。我的观点是，对于那些源于特定经济思想而制定的过分简化的方式，哲学提供了亟须的抵消作用。更一般地说，如果政策制定者打算透彻地思考与妇女不平等相关联的分配正义问题，那么哲学可以提供丰富的思想资源。但是，没有事实和经验提供的信息，哲学家就做不好自己的工作，这也就是哲学家应当尽可能接近他所描述的现实的原因，尽管他们不是田野调查者，也不是政治家。实践需要理论，理论同样也离不开实践。接下来，我就以我在过去十三年中一直研究的一个课题中的公众哲学案例开始。我将以夹叙夹议的方式表明我的观点：哲学

对公共生活的潜在贡献，以及在此过程中遇到的障碍。

　　我研究的课题是由联合国大学下属世界发展经济学研究所(WIDER)组织的。该机构位于芬兰首都赫尔辛基,是一所多学科研究机构,汇集了来自世界各地的研究者,以探索解决发展中国家相关问题的新途径。这个由我和阿马蒂亚·森①组织的项目旨在让哲学家和经济学家就生活品质这一基础理念展开对话。我们提出了一种用来衡量生活品质的方法取向,这种方法已经开始被称为"能力方法"(capabilities approach),并且我们也在通过多种方式继续改进之。能力方法主张,生活品质不应从满意与否、甚至资源配置的方面来衡量,而应当在人类发挥其功能的若干核心领域中,从人们实际能做什么、能成为什么来衡量。我们之所以在世界发展经济学研究所发起这一课题研究,就是因为我们认为,在这些问题上发展经济学可以其丰富的哲学讨论中获益匪浅。

　　过去,政策制定者和发展研究专家在比较各个国家时,通常使用人均国民生产总值作为衡量生活品质的简便标准。毫无疑问,这一粗糙的衡量标准连财富和收入的分配状况都不考虑。只要瓦萨蒂的丈夫不让她掌握家中的任何资源,她又未曾受过职业培训,那么就无法从古吉拉特邦可观的经济发展中得

---

　　①　阿马蒂亚·森(Amartya Sen),著名经济学家、伦理学家,以对福利经济学贡献,获得诺贝尔经济学奖(1998 年),后获得印度政府颁发的巴域·维纳奖(1999 年)。阿马蒂亚·森出生在英属印度西孟加拉邦桑蒂尼盖登,其家庭来自东孟加拉邦(今孟加拉国)。1959 年在剑桥大学三一学院获得博士学位。并于四年以后回到印度,曾在加尔各答、德里任教。1971 年他再次回到英国,执教于牛津大学。1988 年森应聘于哈佛大学担任经济学与哲学教授。1998 年,他回到剑桥大学仕三一学院院长。森与本文作者努斯鲍姆主持的这项课题成果《生活品质》已于 1993 年出版(*The Quality of Life*, edited by Martha Nussbaum and Amartya Sen, Oxford: Oxford University Press, 1993))。——译注

到实惠。即便把分配方式作为衡量因素,这种标准也很少考虑到那些与国民生产总值关系不大,却对人们生活举足轻重的因素,例如婴儿死亡率、预期寿命、受教育机会、身体完整权(bodily integrity)、种族关系和两性关系的好坏、有无政治和宗教自由等。即使是让人们就满意度来投票这种经济功利主义的动议,虽然粗陋程度略低了一点,也还不够,因为人们的满意度报告往往受信息匮乏、机会缺失、恐吓威胁和纯粹习惯所决定。(瓦萨蒂习惯了忍受虐待,不认为自己是有权利报警的人。加亚玛甚至都没有想过制砖行业的不平等是坏的,因为这些不平等历来如此,习以为常,她也不会浪费时间让自己为此郁郁寡欢。)

[126]

在联合国世界发展经济学研究所的研究人员中,有些之所以反对使用这种以国民生产总值和效用为基础的粗陋方法,源于他们采取的极其简单化的后现代主义的文化相对主义,这种观点主张,融贯地批判任何一种传统文化习俗都是不可能的。① 这群人认为,一切批评不可避免地都是一种帝国主义的统治形式。他们的观点太过极端,以至于真的去批评把天花疫苗引入印度的行为,因为天花疫苗引入后,提鞞斯塔拉②教派就被扫地出门,因为过去人们就是为了避免染上天

---

① 严格地说,相对主义或后现代主义是否支持这一结论,可以商榷,因为在我们讨论的情形中,反对和批评是深深地内生于我们所讨论的文化当中的,例如,妇女自雇就业协会运动扎根于古吉拉特邦的甘地传统,就表明了这一点。

② 斯塔拉提鞞,Sittala Devi,更通用的转写是 Shitala Devi。"提鞞"过去常指印度教的女神。在印度,有时会为女性冠以这个尊敬的称呼,也可指整个印度的地方女神。5—6世纪时,印度教的文献中开始以提鞞指伟大的女神,指物质、能和幻觉的化身。她以各种各样的形象现身,有善有恶,其中包括美丽又阴险的难近母、具有毁灭性的迦利,以及拥有强大性能力的性力。斯塔拉是在被印度、西孟加拉、尼泊尔、孟加拉国和巴基斯坦等地广为崇拜的印度教女神,即天花女神(Shitala 直译就是天花)。——译注

花,才向这位斯塔拉女神祈祷的!

　　生活品质课题第一阶段的目标,就是在发展经济学家走出狭隘的经济功利主义传统之后,让他们正视哲学长期以来创造出的思想财富,这笔财富包含着关于这些问题的精细论证。我们计划讨论两方面问题,一是功利主义作为公共选择的规范性框架是否充分,二是在发展经济学研究所的人类学项目中,尚未得到清晰讨论的文化相对主义和普遍主义观点。同时,我们还会关注两个具体问题,即健康和性别平等,因为它们提供了可贵的检验标准,以确定不同方法的优点。① 最终,我们意在阐发我们的论证,支持"能力方法"而反驳其他方法,当然我们也想在发展经济学的竞技场上,注入丰富多样的哲学论辩和立场。

　　为什么我认为哲学在这些问题上有助于我们取得进展呢? 纯然相对主义的文化研究方法,其过于简单化的那些方面,在社会学和人类学内部,就已饱受批评,这两个领域的学者现在不断强调这样一个事实:文化本身不是同质的而是复杂的,不是稳定不变的而是充满冲突的。② 发展经济学的预设不仅受到来自经济学内部的批评(如女性主义经济学家致

---

　　① 1987 年,我们的第一次会议小组主要由哲学家和经济学家组成,但也包括了两个来自斯堪的那维亚的社会学家,他们使用了评价生活品质的多元度量标准,这一做法与我们倾向于支持的标准类似。

　　② 关于这种方法,这里只举最近的两个有价值的例子,第一个见《论启示与革命:某个南非拓荒地的现代性辩证法》(John L. and Jean Co-maroff, *Of Revelation and Revolution*:*The Dialectics of Modernity on a South African Frontier*, Chicago:University of Chicago Press, vol. 1,1991,vol. 2,1997);第二个例子表明,即使在一般被想象为特别和平而同种的共同体中,也存在分裂和冲突,见《土地的忧思:美国孟诺派社群的文化冲突》(Fred Kniss, *Disquiet in the Land*:*Cultural Conflict in American Mennonite Communities*, New Brunswick:Rutgers University Press,1997)。

力于家庭议价模式)①，也遭到政治学家和社会学家的批评。然后，我们发现，两组反对者的缺点在一定程度上或许通过引入不同领域的社会科学家就可以解决。我们的项目的确有多个领域的思想家参与其中。② 但是从一开始我们就赋予哲学家以核心位置。导致这一决定的一个直接原因是，那些持反对意见的人类学家，像其他后现代主义的相对主义者一样，诉诸哲学的权威，为他们的主张做担保。他们尚未审查任何论证，就继续展开论述，仿佛德里达或福柯的大名本身就能够表明问题均已解决一样。因此，为了让我们的普遍主义的建议争取到说话的机会，我们需要展示哲学论辩的真实维度和复杂性，需要为普遍主义提供哲学上的后盾。不过，这里之所以

---

① 参见阿玛蒂亚·森：《性别与合作冲突》(Amartya Sen, "Gender and Cooperative Conflicts," in *Persistent Inequalities*, ed. I. Tinker, New York: Oxford, 1991, 123-149)，以及达斯古普塔：《幸福与赤贫探究》(Partha Dasgupta, *An Inquiry into Weil-Being and Destitution*, Oxford: Clarendon Press, 1993, chapter 11)。关于议价模型方法其他有用的案例有：《自有之地：南亚性别与土地权》(Bina Agarwal, *A Field of One's Own: Gender and Land Rights in South Asia*, Cambridge: Cambridge University Press, 1994)，以及《家庭内外的议价与两性关系》("Bargaining and Gender Relations: Within and Beyond the Household," FCND Discussion Paper, International Food Policy Research Institute, March 1997)；《婚姻中的议价与分配》(Shelly Lundberg and Robert A. Pollak, "Bargaining and Distribution in Marriage," *Journal of Economic Perspectives* 10, 139-158)；《孟加拉国农村地区家庭食品分配与卫生保健的性别歧视》(L. Chen, E. Huq, and S. D'Souza, "Sex Bias in the Family Allocation of Food and Health Care in Rural Bangladesh," *Population and Development Review* 7, 55-70)。

② 社会学家有 Robert Eriksson、Erik Allardt、Nancy Chodorow 和 Valentine Moghadam；人类学家有 Martha Chen，政治理论家有 Susan Moller Okin 和 Seyla Benhabib，经济学家有 John Roemer、Jean Dreze、Amartya Sen 和相关项目中的 Partha Dasgupta。他们在我们的前两次会议中都发挥了作用。第三次会议还有卫生政策和医疗专家参与。本研究所其他项目还包括更多来自其他学科领域的社会科学家。

将哲学引入发展经济学领域,还有两个更深层次的原因。

第一个原因是,在诸如相对主义和普遍主义、功利主义的利弊得失等基础性问题上,相对于社会科学中特有的论证,哲学家一般而言提出的论证更严格、更精细。当然,在这些问题上,哲学家并没有正统的权威观念,但其特有的论辩却在完善和发展,以至于取得了实质进展,也就是清晰地划定了问题的界限,排除掉大量站不住脚的竞争性观点等,直到我们理解了相互竞争的建议,足够清晰地理解了支持各个建议的论证。我相信这在其他相关领域是很少发生的。例如,在社会科学领域,关于文化相对主义虽不乏讨论,但通常不像在哲学中的论辩那样系统、严格而广泛,哲学论辩的特点是要通盘考虑各领域的思考,包括科学哲学、语言哲学、心灵哲学,以阐明复杂的文化问题。总之,我们文化中的哲学,在论证的严密性和准 [128] 确性上具有极高的标准,而在其他专业领域,比较而言关于相关问题的论争通常不免粗疏,缺少系统的区分,而这些区分已经让哲学家取得进步了。

这并非纯然是专业性演变中的偶然事件。西方传统中的哲学家都是苏格拉底的继承人。他们都致力于批判性地仔细审查(scrutiny)一切论证,这种严密的审视使哲学家更善于精确区分和洞察谬误,做所有思考社会的思想者(实际上在一定程度上是所有公民)应该做、通常却没有做的分内工作①。

———————————

① 出于这个原因,我在《培育人性》一书中主张,就公民所需要的"苏格拉底式的自我省察"而言,尽管原则上许多不同学科的课程也能传授一些,但实际上,最好的方式莫如哲学课程。参见拙著:《培育人性:通识教育改革的古典辩护》(Martha Nussbaum, *Cultivating Humanity: A Classical Defense of Reform in Liberal Education*, Cambridge: Harvard University Press, 1997)。

其他学科是否真正相信"未经审察的人生是人不值得过的"，修辞学是否低于对正确解释的谦卑探究，这些尚不明显。哲学当然也并非完全不受制于教条和盲目，但一直努力以苏格拉底式的理想去生活，而且做得还算不错。①

哲学能够在国际发展项目中中居于中心地位的第二个原因，同样可以追溯到苏格拉底这一典范。哲学家探究"是什么"这一类型的问题。每一学术领域皆有其核心概念，或多或少都试图去定义它们。但是哲学从一开始就像一只恼人的牛虻一样，不厌其烦地追问核心概念的问题，既有其自身的，也有其他学科、其他人的核心概念——这无疑让人恼火，却极有价值。当然，有时这一功能被理解得过于狭隘，例如，仿佛道德哲学只应该从事"概念分析"而非理论的建构与完善，仿佛最相关的概念分析也不需要考虑经验事实。

[129]

但是，如果我们对"是什么"的问题有足够精细和全面的理解，那么就有理由认为，这一探求是我们哲学的一项中心任务。

因而，其他学科，尤其是经济学，会关注功利主义思想。然而对于哲学而言，它首先追问的是功利主义理论是什么，是如何与其他伦理学理论相关联的，以及如何定义它赖以建立的每一个核心概念。其他学科也关注人类繁荣或者"好的生活"这些观念。但是，哲学的特殊工作却在于追问这些含混的概念究系何意，如何在相互竞争的不同界定之间的论争中作出裁定。其他学科（如法律和公共政策）也使用自由与责任等概念，并作出了行之有效的定义。哲学在这里也要透彻

---

① 我对苏格拉反驳论证（elenchus）及其贡献的理解，见我对弗拉斯托斯（Gregory Vlastos）的苏格拉底研究的评论文章（*The Journal of Philosophy* 94,27-45）。

思考"是什么"的问题,就这些难以定义的含混概念的各种不同思考路径,讨论各自的优点,直至制定出一套高度完善的可选概念,而这些概念却是法律和政治科学通常模模糊糊意识到的。经济学家和政治学家虽不停地谈论偏好、选择、欲求,但哲学的特殊职责则是清晰考察这些基础概念,将欲求区别于意向、情感、冲动以及其他心理学概念,追问这些概念同信念和学习之间的关系,等等。通过这些探究,哲学再次发展出对这一领域中可选概念的高度完善的解释,这一解释表明,至少一部分经济学在很多方面所依靠的基础不仅粗糙,而且极不可靠。① 再者,不同领域的思想家都赞同能力方法,但要想更精确地考察能力(capability)与作用(functioning)之间那些至关重要的区分,②以及其他不同类型的人类能力之间的相关区分,则是哲学的职责。③

[130]

---

① 参见拙文:《有缺陷的基础:(某一特定类型)经济学的哲学批判》("Flawed Foundations: The Philosophical Critique of (a Particular Type of) Economics," *The University of Chicago Law Review* 64, 1197–1214)。

② 阿玛蒂亚·森和我都主张,对选择的尊重应当让我们把能力而非功能作为政治目标;相反,像斯图亚特·密尔(Stuart Mill)以及约瑟夫·拉兹(Joseph Raz)提出的至善论的自由主义则更愿意用作用说明目标。拉兹的观点见《自由的德性》(Joseph Raz, *The Morality of Freedom*, Oxford, Clarendon, 1986)。

③ 我主张,在能力方法中,需要包含三种不同类型的能力:(1)基本能力,即人的天赋才能,若给予足够的支持和关心,则能够使人达到更高层次的能力;(2)内部能力,即合适的环境下,充分显示出能够发挥相关作用的人的状态;(3)组合能力,即内部状态与合适的外部环境组合起来发挥功能。例如,一位妇女接受过一些教育和培训,但要离家去找工作,就会受到家庭暴力威胁,那么她拥有的是内部能力,而不是到外面找工作的组合能力。但是,政治应以产生组合能力为目标。最近的相关论述,参见拙著《作为纪律的善》(Martha Nussbaum, "The Good as Discipline," in *Ethics of Consumption: The Good Life, Justice, and Global Stewardship*, ed. David A Crocker and Toby Linden, Lanham: Rowman & Littlefield, 1997)。

最后，最体现哲学特征的、与其他领域相去甚远之处，在于就其方法和研究本身提出"是什么"的问题，例如，追问政治理论中的辩护（justification）是什么，追问政治学论证所依靠的是何种判断、直觉或情感。在有关社会生活的其他学科中，以如此执着和精微的方式提出这些问题的，相当罕见。

这些概念探究有时被视为在理智上过分苛求的例子，然而，其实际后果相当重要，需要在实际的政治纲领中加以说明。许多领域均可表明这一点，但是为了坚持能力方法，能力与作用的区分在实践中最为重要，因此以下两种政策常常大不相同，一种以单一欲求的作用模式为目的，另一种则努力给公民提供更多机会，让他们自己决定是否选择那种作用。因此，旨在促使所有妇女走出家门去找工作的政策，与让所有妇女选择是否走出家门去工作，大不相同。这两个政策都需要保护妇女免遭就业歧视，在就业过程中免受恐吓和骚扰。与前一项政策不同的是，后一项政策更需要注意家务劳动的社会意义，促使人们认识到传统的家务劳动是有价值的，符合人类尊严的；同时，后一项政策也需要通过在离婚后计算转让财产时关注家务劳动的经济价值，从而让这些选择对妇女来说在经济上是可行的，不至于过分冒险。

同样，区分人类能力的几种不同类型也非常重要：如果一种政策仅旨在让人们处于正常发挥作用的内在状态（即内部能力）当中，而另一种政策旨在既创造发挥作用的内在前提，也塑造周围的物质环境和社会环境，从而有助于在相关领域作出选择（即组合能力，因为它们代表了内部能力与适当的外部条件的组合），那么这两项政策通常大不相同。如果内部能力和组合能力之间没有作出清晰区分，就不能清楚地讨

[131]

论不同政策选择的优点。因此,如果一项政策的目的只在于为了表达的自由而促进内部能力,则只需要去教育民众,而不需要创造一种可以畅所欲言而不受惩罚的实际环境。如果一项政策的旨在促进妇女走出家庭去就业的内部能力,则只需要集中考虑其教育和技能培训。旨在提升组合能力的政策还需要特别关注妇女免遭就业歧视、性骚扰,保护妇女免遭来自其家庭成员的胁迫。总之,"是什么"的问题具有重大的实际意义。如果不去思考这一问题,则诚如亚里士多德切中肯綮的表述,"通常以混乱的方式说出的东西"就会宰制公共生活。①

亚里士多德曾用这一苏格拉底式的哲学观,论证了对于每一位以积极参加公共生活为目标的人来说,哲学是其能力的重要部分。而且就我在此已给出的两个理由而言,我相信,由于亚里士多德,哲学成为公民训练的必要部分,因为他需要与其他公民协商,需要投票,充当陪审团成员,或者仅需在某些领域中清晰地思考,这些领域包含类似我刚才提到的那些争论和概念。因此,我曾在其他地方主张,每一个学院或大学的本科通识教育都应该包括两个学期的哲学课程。② 我相信,即使没有被这一教育提案说服的人也应该承认这样一个事实:哲学家作为批判性地仔细审查一切论证的人,作为一心一意探求基础概念和问题的人,公共政策的学术审议非常需要他们的参与。因为在这里,力求严格且概念清晰尤为重要。然而,要想 [132]

---

① 亚里士多德:《优台谟伦理学》(Aristotle, *Eudemian Ethics* 1216a30—39);参见本章开头部分的第二个题铭。亚里士多德把对"为什么"的理解与给出定义和说明的任务紧密联系起来。

② 参见努斯鲍姆:《培育人性》第一章。

顺利发挥哲学家的职能,就必须克服两大障碍:其一源自经济学对基础性批评的拒斥;其二来自哲学家自身的职业习惯。

我们举办的第一次会议聚集了一批著名哲学家,他们也都做了有趣的工作。① 这次会议本应为政策制定者和发展工作者的辛苦努力提供全新的概念基础,但有两个相关的方面在我看来并没有实现,均涉及专家们不愿走出自己为同行专家写作时通用的模型和语汇。首先,让那些最重要的经济学家对其理论基础严肃地采取哲学批判,这一点我们几乎完全失败了。我们这一组的哲学家是精挑细选的,照顾到观点的多样性,其中包括功利主义者、康德主义者和新亚里士多德主义者。我们确实想突出那些支持或反对能力方法的论证。但是,即使功利主义哲学家在利用经济福利主义时,也持有诸多概念上的和基础性的批评,以至于在许多方面,那些想为功利主义辩护的哲学家的辩护类型,作为过去几十年来的学术争论渐渐显露出来的结果,更接近于新亚里士多德主义和康德主义,而不是在新古典经济学里占统治地位的较为简化的功利主义。哲学家们一致同意,有必要彻底重新思考经济学的基础。

可是那些批评几乎没有效果。除了长期以来算是半个哲学家的罗默(John Roemer)②而外,看起来再没有一个经济学家明白,我们的言外之意针对的就是他们构建其模型的方式。

---

① 详见努斯鲍姆与森主编:《生活品质》(Nussbaum and Sen(eds.),*The Quality of Life*,Oxford:Clarendon,1993)。

② 约翰·罗默(John E. Roemer,1945—),经济学家,新古典马克思主义经济学代表学者,耶鲁大学政治与经济学教授。著有《马克思经济理论的分析基础》、《剥削与阶级的一般理论》、《自由地损失——马克思主义经济哲学导论》等著作,是"分析的马克思主义经济学"的代表人物。——译注

他们的一般反应是："你在那儿的职业真是有趣。"更糟糕的
反应是："森现在搞哲学了,不搞经济学了。"正如罗默在会议　[133]
上注意到的,经济学家们非常热衷于他们的模型,因其包含着
大量形式上的复杂结构。他们根据形式化能力来挑选专业上
的成功学者。因为他们认为,如果只是讲着大白话,也不给人
们展示可选择的模型,那么人们就不大可能转换为一种新的
考虑问题的方式,在涉及放弃一个投资很多的正式工作时尤
其如此。经济学家们拒绝服从哲学,也拒绝承认他们的工作
的确作出了实质性的哲学承诺,这两点有必要仔细审查,也一
直是哲学有效参与公共生活的最大障碍之一。

　　但是,哲学家自己也有问题。我们这个团队虽然做得不
错,但并不是全都完成了各自的任务。阿玛蒂亚·森和我委
托团队成员撰写论文,润笔极为丰厚,要求他们花时间熟悉研
究发展问题的相关文献,以便将抽象的讨论与这些争论关联
起来。我们还请他们针对政策制定者和非专业人士发表演
讲。然而,大家还是明显倾向于提交他们当下正在研究的成
果,而且哲学家习惯于向同行而非大众发表演说。为什么我
们项目中的问题就不能在相当高的复杂程度上,用清楚明白、
不带行话的语言说出来,并以具体事实和故事为例来讨论?
我不知道原因何在。① 如果要行之有效地做好这项工作,哲

---

　　① 布洛克的文章《卫生保健与医学伦理中的生活品质衡量标准》就
是这类清楚明白的著作的范例,也是专门回应我们的任务的研究成果
(Dan W. Brock, "Quality of Life Measures in Health Care and Medical Eth-
ics")。泰勒的文章《说明与实践理性》(Charles Taylor, "Explanation and
Practical Reason"),虽然原本不是为我们那本书而写的(因为泰勒在后期
阶段代替了另一个参与者),但是他的文章也是一篇极其流畅、可读性强
的文章。有趣的是,这两位作者都在实际政治运作上花了时间,因而从经
验中知道了何种写作类型是有效的。

学家还要在这种类型的写作上多下功夫。然而，这种写作形式不被同行看好，在研究生培养项目中也得不到鼓励，这个事实说出了哲学的公众影响所面临的障碍。

[134] 在项目接下来的阶段，我们仅把焦点放在妇女生活品质和文化相对主义问题上。自从我们研究所的研究部门被压缩，并改变其关注点之后，我仍在其他赞助下继续相关的工作。最近我出版了一本书，为女性生活品质的普遍价值做了辩护，以能力和作用为基础来衡量发展中国家的生活品质与政策制定。① 我越来越感觉到深入了解世界上某个地区的必要性。因此，我在印度做了实地考察，尤其聚焦于妇女自雇就业与信用两个方面之上。正是在其中一次访问中，我认识了瓦萨蒂和加亚玛。

因此，我现在还是回到她们两人身上。这种实际工作与理论研究的相关性何在？反过来说，理论又能为她们的生活所需提供什么呢？

在亨利·詹姆斯的小说《奉使记》中，主人公斯特雷彻说："许多东西是语言无法形容的，只有身临其境，才能体会得到。"②瓦萨蒂的眼睛如何上下打量，加亚玛脖子上的肌肉，每一个贫穷妇女每天如何精打细算，她们身上的气味如何——所有这些都与性别正义理论有关系。女性主义的名言"我们必须从女性的经验开始"，在我看来并不完全正确。如果我们不把迄今为止精心创制的关于正义和人类利益的理

---

① 参见拙著：《女性与人类发展：从能力方法的角度看》（Martha Nussbaum, *Women and Human Development: The Capabilities Approach*, Cambridge: Cambridge University Press, 2000）。

② 中译文参见：亨利·詹姆斯：《使节》，敖凡等译，四川人民出版社，1998 年版，第 297 页。——译注

论,运用到实地调查工作,则虽有所见,但认识上收获不多。此外,好的理论告诉我们,匮乏、无知和胁迫在何种程度上腐蚀了经验本身。然而,同样很清楚的是,现在大多哲学家对(特别是发展中国家的)贫困女性的生活知之甚少,如果不去实地走访和学习,哲学家们甚至想都没想过还有这样的生活,实地调查的所得远多于哲学家典型的工作方法之所得。即使是文化相对主义与普遍主义的论争,也包含经验的成分在内。对经验性问题的回答会正确地影响我们的回答,这类问题有:传统文化包含着怎样的内部争论和多样性? 当我们在世界上的许多地方,考察人们的生活时,他们的共同需要和努力奋斗 [135] 的目标是什么? 如果处在以免于恐惧、免于等级制权威为特征的环境下,女性如何谈论她们的生活? 我们寻求的就是这些问题的答案,而不是女性处于恐惧之中、受到权威胁迫之时所给出的答案,这一事实表明,我们研究的过程也就是继续推进初步的理论的过程;当然,这些临时确立的理论观点,作为我们所发现的结果,本身是可以受到质疑的。

于是,即便我们已经知道正确的问题是什么,我们仍然需要经验;要把这些问题付诸公开讨论,也需要经验。各种正义理论一般都回避家庭内部的资源和机会分配这类棘手问题;①一些人将家庭视为以关爱为纽带的私人领域,认为国家不应该介入。罗尔斯(John Rawls)是一个值得尊敬的例外,他避免了这两个缺点。然而他在《万民法》一文中提出的关于家庭的看法,却没有给出女性主义者希望看到的最重要的东西。

---

① 参见奥金:《正义、性别和家庭》(Susan Okin, *Justice, Gender, and the Family*, New York: Basic Books, 1989)。

特别是罗尔斯出于政治正义的考虑,将家庭视为类似于教堂或大学的对象,他看起来并没有将自己的洞见的意蕴贯彻到底,即家庭是"社会基本结构"的一部分,也是从一开始就广泛影响人们生活机会的制度之一,因此特别强烈地要求受到两个正义原则的范导。① 因此之故,大量的哲学工作有待完成,正确地提出问题也要求具有关于各种强制约束的经验,这些强制是世界各地的不公正的家庭结构强加于女性身上的。再举一例,这与瓦萨蒂的生活关系密切,即诸如家庭暴力、婚内强奸这类分性别的问题还未在哲学中公开讨论过,尽管密尔(John Stuart Mill)是个杰出的例外。我们应该主张,正义理论要抓住女性在家庭中以及在范围更大的社会中所面临的问题,并为解决这些问题建言献策。由此,哲学家需要瓦萨蒂和加亚玛,因为她们可以刺激哲学家提出一些一直没有被问及的核心问题。

[136]

当然,女性主义哲学已着手处理此类妇女问题,但一触及国际妇女运动本身,常常就裹足不前了,原因在于其关注点更多地放在美国中产阶级妇女的问题上,而不是关注发展中国家贫穷妇女紧迫的需要和利益。更聚焦于国际性问题并不是要求女性主义哲学抛开其传统主题,如就业歧视、家庭暴力、性骚扰以及有关强奸的法律条文的改良等问题。无论对于发展中国家的妇女,还是西方发达国家的妇女而言,这些问题都是核心问题。如果女性主义想富有成效地研究发展中国家,必须为其议程增加新的主题,包括饥荒与营养、识字、土地所

① 罗尔斯:《再论公共理性观念》(John Rawls, "The Idea of Public Reason Revisited," *University of Chicago Law Review* 64(1997),765-808, reprinted in Rawls, *The Law of Peoples*, Cambridge, MA: Harvard University Press,1999,129-180)。

有权、童婚、童工，以及在家庭之外就业的权利等。这些主题提出了诸多哲学问题。要想处理好它们，我们需要思考大量问题，例如不同形式的关爱在妇女生活中怎样发生作用，不同形式的情感纽带如何形成了不同类型的社会结构，财产与自尊的关系，等等。对这些实际问题的思考也塑造了我们对这些更抽象的问题的研究结果。不过，要想更好地处理它们，女性主义哲学家必须比绝大多数美国人了解更多的东西，例如各种宗教和文化传统，数量庞大的贫穷妇女所生活的国家的政治、法律和经济结构。① 简言之，有些女性主义者的理论通常不回应现实，也较少受现实塑造，即便是这些女性主义者，仍然需要研究瓦萨蒂和加亚玛的例子，并思索她们的生活对思想提出的挑战。

[137]

　　亲身接触了像瓦萨蒂和加亚玛之类人群的生活之后，我的思考方式也有重要变化。首先，我远比以前更强调财产权、信用能力以及在家庭外获得工作机会的重要性，这些能力是其自身内部的宝贵能力，同时也与其他能力密切联系，例如保持身体完整的能力，为自己思考和盘算的能力等。或许是由于我一直在芝加哥教书的缘故，在这里每天关于财产权的谈论不绝于耳，而且谈论的方式通常没有任何对穷人的怜悯之心，我过去也的确也倾向于低估财产权在贫穷妇女生活中的重要性。然而，我每到一地，当地妇女都说，拥有平等的土地权（在现行印度法典中妇女还没有这种权利）和信贷能力，是

----

　　① 例如，按照我的经验，几乎所有哲学家和法律思想家都在发现印度统一民法典时深感震惊，当他们发现属人法（personal law）的各种宗教体系管理的范围既包括财产和遗产，也包括婚姻、离异、监护和抚养时，同样也感到震惊。如果他们对此不了解，就几乎不能想象印度妇女面对的各种问题，也不可能切题地回应有关性别平等和无宗教的仪式等有趣的哲学问题。

决定她们生活品质的关键因素。妇女自雇就业协会的创始人埃拉·巴特(Ela Bhatt)，就将这一问题与反殖民斗争中甘地主义的自足性(self-sufficiency)观念有力地联系起来。我现在确实比以往更加认识到自足性概念的价值。在捍卫自由个人主义，驳斥女性主义的反对意见时，我曾经带有一定辩护性地主张，我对促进每个人的尊严和机会有兴趣，但这并不蕴涵把自足性评价为规范性目的。① 现在，当人们习惯于一种生活，而他的生存依赖于他人的善良意志的时候，我理解了自足性这一规范所能够具有的价值。

　　另一个重要改变是，我现在更强调康德意义上的自尊和不羞辱(dignity and non-humiliation)，其实我在能力解释中提出的实践理性概念里面，已经暗含了这两个观念，但强调得不够。我的出发点是亚里士多德式的，这有助于促进我们去关注归属关系和友爱(affiliation and friendship)的各种有意义的形式，特别是以平等为基础的形式。我在那些女性集体中的体验充分证实了友爱的重要性。像瓦萨蒂这样的女性，当她和其他妇女加入基于平等的群体而非基于等级和恐惧的家庭时，幸福之情溢于言表。但是，友爱的关键部分在于共同享有自尊和免遭羞辱所带来的利益，倘若不补充这一点，我们将遗漏非常重要的东西。② 这就是说，就富有成效地思考妇女怎

[138]

――――――――――――――

　　① 参见《对自由主义的女性主义批判》(*The Feminist Critique of Liberalism*, a Lindley Lecture, Lawrence: University of Kansas Press, 1997, reprinted in Nussbaum, *Sex and Social Justice*, New York: Oxford University Press, 1999)。

　　② 例如，对这些概念的有价值的研究，参见玛格丽特：《体面的社会》(Avi-shai Margalit, *The Decent Society*, trans. Naomi Goldblum, Cambridge: Harvard University Press, 1996. 23)。

样才能整合到由清一色男性主导的工作场所,思考妇女的政治能力而言,我们补充的这一点是至关重要的。

最后,再回到友爱的话题上。我在印度的经历向我表明,女性的归属关系(affiliation)组织在政治上相当重要,因为这种组织是她们获得自尊、友爱和快乐的源泉。西方政治理论制造出"家庭",将其想象为西方的核心家庭形式,认为它是情感和友爱以及儿童教育的主要来源。由此观之,这种理论果然太过偏狭了。西方女性主义者尽管极力批评这一传统,包括这一传统在公私之间的划分,但实际上她们反映出来的也是强调这种家庭观念。我们通常说似乎家庭是亲切关爱和亲密关系的主要来源。女性主义阵营中的社群主义思想家特别像是聚焦于这种的核心纽带,而忽视其他关系和关爱形式的作用。但是,在世界许多地方,女性团体作为归属关系的主要来源是很有传统的,特别是在撒哈拉沙漠以南的非洲,这些团体在经济和女性自我感受上的基础作用特别明显。① 即使在尚未形成传统的地方,这类团体也能很快在女性情感生活中发挥主要作用,向她们展示出各种非等级制的和彼此支持的感情形式,这对她们以前的生活来说是闻所未闻的。

无论是女性主义的还是非女性主义者的社群主义者,总是说我们似乎必须要作出选择,要么坚持批判的女性主义(critical feminism),支持每个人对尊严和权利的要求,要么选择家庭所具有的丰富的情感纽带。这些思想家经常担心批判

① 参见恩泽格乌:《恢复伊博人传统:发展中的土著人运动组织个案研究》(Nkiru Nzegwu, "Recovering Igbo Tradition: A Case for Indigenous Moments Organizations in Development," in Women, Culture, and Development, ed. Martha Nussbaum and Jonathan Glover, Oxford: Clarendon, 1995)。

[139] 的女性主义规划会侵蚀凝聚社群的价值。我们容易看出，传统的社群价值对妇女并不总是好的。我们现在补充说，普遍主义的价值会建立新型社群。一位孟加拉国农村寡妇加入了一项扫盲计划，该计划把过去生活相对隔绝的人们汇集到一起。她生动地表达了喜悦之情："这个团体帮我们，也教给我们好多知识，我已经学会了怎样联合在一起生活了。搁在以前，要是有钱的人骂我们，对我们挑三拣四，我们吭都不能吭一声。现在要是有人说什么不好的，我们这个团体的 17 个人，就会一起去质问那个人干嘛说这种话。这就是我们得到的另一种帮助。搁在以前，我们咋知道怎么凑一块儿，互相帮衬呢。那时候，每个人烦心的事、难过的事都多，都忙不过来，老是琢磨着孩子和自己的吃喝。现在呢，我们团体这 17 个人都亲密得不得了。"①这个故事绝非孤立现象。在我访问妇女团体时，她们首先提到的妇女团体的益处，就是与追求共同目标的其他女性建立起来的归属与友爱关系。这与社群主义渴望联结起来的东西可谓如出一辙，这些东西常常赋予女性主义批评以生命力。我们不必在社群的"嵌入式生活"（the embedded life）与孤立形态的个人主义之间作出选择。普遍价值构建起自己的社群，这些共同体充满了才智、友谊和动力（agency），虽居一隅之地，却与世界其他地方的妇女团体多方联通。对这些妇女而言，新的社群远胜于以前居住的群体。的确，在第三世界的妇女看来，西方女性主义者太过热衷于夫妻关系和核心家庭，尤其是在各种关系形式中过于强调性关

---

① 玛莎·陈：《寂静的革命：孟加拉国农村转型中的妇女》（Martha A.Chen, *A Quiet Revolution: Women in Transition in Rural Bangladesh*, Cambridge: Schenkman, 1983, 216）。

系,这就难免陷于褊狭局促。

对西方女性主义者来说,这些都是费思量的难题,因为它们深藏于许多人的情感之中。自由主义理论目前关注的问题是,"社会的基本结构"应该包括哪些基础性的情感联系,并以何种形式包括。但我相信,在这一问题上,我们应当比自由主义更保留不可知论的态度。自由主义理论的论辩常常采取如下的提问方式:家庭结构在多大程度上涉及法律,并且应当在多大程度上、以何种方式涉及法律。然而,通常把考虑的中心默认为有子女的异性恋者的核心家庭(也许可以适当放宽到认可同性夫妻和亲属群体),正是这种家庭建制,作为社会基本结构的一部分,通常得到特殊的支持。我相信,我们需要重新思考对这种家庭建制的强调。对生活品质的有效解释无疑应当为这些妇女集体留出空间,因为这些集体具体规定了关系的一般利益,我也不清楚在分配福利和优惠方面,国家为什么应当赋予西方式的核心家庭以优先权,而不是上述的妇女团体。印度政府已经资助那些以建立妇女集体为目标的计划,引导妇女如何联合起来,从雇主和地方政府那里主张自己的权利。通过这种资源分配方式,妇女们的行为明智合宜,虽然这样的集体完全可以承袭更为传统的单位的某些功能。

但是为什么政治实践需要理论? 就瓦萨蒂和加亚玛的生活而言,哲学能给它们提供什么呢? 我已经谈到,在追问"是什么"的问题时,哲学发挥了苏格拉底式的作用。但是,质言之,我认为哲学的贡献不仅是要求苏格拉底式的质疑,也要求建设性的理论建构。于是,我必须更进一步说明,我是怎样看待这一更进一步的作用的。这个问题由来已久,也难于回答,

[140]

我只能从一个概略的回答开始。① 回到我讲述的生活品质计划,我必须要在这里说的第一件事就是:理论已然在那些人的生活中了,但往往没有发挥好的作用。

例如,国际发展经济学对人们的生活影响深远,因为其理论对发展实践和公共政策的形成影响巨大。一般而言,经济学不仅仅作为预测的来源,而且往往作为规范性指南的来源,影响着整个世界。经济学家通常避免从说明或预测模式转为规范性模式,这是司空见惯的,但是他们的学术训练和论证习惯中也根本没有什么东西,能让他们真的为公共政策进行规范性辩护。因此,我们看到财富最大化被提议为良好法律体系的目标,②我们也看到满意度最大化被用作教育或人口方面的公共政策选择的目标,我们还看到把人均国民生产总值作为"生活品质"的一项指标,这时候,经济学家扮演着规范性理论的向导的角色,但这个角色的精妙之处,他们通常还演不出来。就连他们的预测工作,有时也被粗糙的概念或者可疑的动机预设所败坏,时常影响到其模型的预测价值。③ 在大量有争议的问题上,经济学家通常持有哲学立场,但他们通常没有认识到自己有哲学立场,或者要为所持立场提供论证。

[141]

---

① 如需进一步思考,参见拙文:《为什么实践需要伦理理论:特殊主义、原则和不良行为》("Why Practice Needs Ethical Theory:Particularism, Principle, and Bad Behavior," in "The Path of Law" and Its Influence:The Legacy of Oliver Wendell Holmes,Jr. ,ed.Steven J.Burton,New York:Cambridge University Press,2000)。

② 典型例子参见理查德·波斯纳:《正义的经济学》(Richard Posner,The Economics of Justice,Cambridge, MA:Harvard University Press, 1981)。

③ 更详尽的研究,参见拙文:《有缺陷的基础》("Flawed Foundations")。

如前所述,经济学家不会欣然接受来自哲学的批评;然而这正是哲学家更需要走进公共舞台,向政策制定者、法律思想家以及发展工作者表明这些观点的原因。我们需要让人们思考幸福的功利主义标准是否充分;思考价值的可公度性和不可公度性;思考幸福与行动主体之间的关系;思考政治自由主义的结构与这种类型的自由主义中各种善的观念的作用;思考资源与人类作用之间的关系;思考文化相对主义及其批评;此外还有更多的方面。政策制定者、非政府组织领导人、发展工作者,所有这些人,就像我们教的学生一样,也已经在思考这些问题,也感到迷惑不解,但是通常既混淆不清,也不够系统。如果他们能够以清晰易懂的形式提出论证,也能够参加关于这些问题的哲学辩论;通过这种方式,哲学家甚至不用转 [142] 化经济学家就能够决定发展实践的走向!

要获得更广泛的听众并不容易,我们通常必须按若干不同的水平上工作,这一批听众很想知道这种方法究竟是如何与罗尔斯的政治自由主义相关联的,另一批听众只想知道该方法的概要,因此所介绍的内容也因听众而异。但是,如果哲学家在写作上足够投入,那就没有理由认为哲学家不能获得广泛的国际听众。想当年,约翰·斯图亚特·密尔和威廉·詹姆斯之类的哲学家也是著名作家,为受过教育的普通公众写作。他们是我们这个专业值得仿效的优秀范例。不这样做的话,很多公共论辩将在缺乏哲学参与的情况下继续下去。

强调这一点并不意味着哲学家应该停止系统化哲学的研究,变成随笔作家或政治家——当然,他们完全可以在哲学或其他领域中这样做,一些哲学家,例如伯特兰·罗素,实际上不就有两个职业吗,其哲学工作与其公共政治上的贡献相去甚远。但是，还存在另一种政治实践上贡献，哲学能做到，而且唯有通过保持自身的特色才能做到，这就是在概念上阐幽发微，在区分上条分缕析，注重系统化论证和理论建构。在幸福的本性和人类行为的基础问题上，正是因为哲学家配备了注重精细化而严格性的思维，他们才能有理有据地批判经济学的立论基础。塞涅卡说哲学家应该是"人类的律师"，他的意思是关于愤怒之本性的极其抽象的观念、贪婪的社会起源等，有必要对现实世界的政治场景施加影响，把世界以前没有的批判手段赋予它，把以前没被命名的恶习的名称赋予它，等

[143] 等。① 这些观念将使政治场景丰富多彩，赋予它崭新的东西，但是，如果没有哲学特有的有理有据、韧性十足的论证，这都将是泡影。过于迅速地将哲学前进到实践上的"最终结果"（bottom line），则不能实现哲学在实践上特有的裨益。这些裨益需要系统化的直觉，需要按照一致性与适合性来分门别类，也需要清晰地表达出概念的要点，因为这些概念的使用通常是含混不清的。

政界人士对哲学家通常没有耐心，因为哲学家热衷于耐心的论证和系统的理论建构，而政界人士只想迅速前进到"最终结果"，如果他们没有能力看出与实际情况的直接联系，往往容易假定什么也发现不了。哲学家对这种反应颇为苦恼。他们不愿意被视为象牙塔里的精英人士，提供不了什么有用的东西。因此，他们深感要么退回专业研究，要么停止真正的哲学研究，以便回应人们对直接有用的东西的需要。

---

① 参见拙文：《人类的律师：古代政治思想的理论和实践》（"Lawyer for Humanity: Theory and Practice in Ancient Political Thought," *Nomos* 37, 181-215）。

马克思的博士学位论文（关于古希腊哲学家伊壁鸠鲁）中对此有雄辩滔滔的警示：

> 当哲学作为意志面向现象世界的时候，体系便被降低为一个抽象的总体，就是说，它成为世界的一个方面，世界的另一个方面与它相对立。体系同世界的关系是一种反思的关系。体系为实现自己的欲望所鼓舞，就同他物发生紧张的关系。它的内在的自我满足和完整性被打破了。本来是内在之光的东西，变成转向外部的吞噬一切的火焰。于是，得出这样的结论：世界的哲学化同时也就是哲学的世界化，哲学的实现同时也就是它的丧失，哲学在外部所反对的东西就是它自己内在的缺点。①

换言之，这里的含义是，哲学家参与政治活动，所冒的风险就是丧失精确、自我满足和反思性这三种超凡品质，这些品质就是体现在哲学家的活动方式中的特征。 [144]

在一定程度上，我同意马克思的看法，这就是当我们参与政治的时候，的确要冒险，即丧失独特的哲学品性（我相信，西塞罗和塞涅卡有时、但当然并不总是显露出这些缺陷）。但是没有理由说这个风险必定发生，而且（可能与马克思不同）我相信我们应该努力阻止风险发生。我们需要不断提醒自己，哲学家尤其不怎么适合成为好的政治家。西塞罗、塞涅

---

① 马克思的博士论文：《德谟克利特的自然哲学与伊壁鸠鲁的自然哲学的差别》（Karl Marx, *Doctoral Dissertation: Difference Between the Democritean and Epicurean Philosophy of Nature*, in Karl Marx/Friedrich En-gels, *Collected Works*, Vol. 1, London: Lawrence and Wishard, 1975, 85）。【中译文引自《马克思恩格斯全集》第 1 卷，人民出版社 1995 年版，第 75—76 页。中译文与努斯鲍默引用的英译文在内容上有差异。——译注】

卡、马可·奥勒留和卡尔·马克思虽提供了哲学家与政治家合一的有名范例，但更常见的是，哲学家的专业训练使他们不适合政治行动的世界。哲学家对事物的真实本性太感兴趣，而对事物听起来如何却知之甚少，他们宁愿作出一个经得起仔细审查的区分，也不愿产生一个政治上有价值的结果。①于是哲学家被指责为毫无用处，他们最好别扔掉哲学去搞政治演讲（除非他们认为自己在这方面有特殊的天赋，但在某种程度上说，这种天赋跟他们的哲学能力没关系）。我们应该更经常地得出这样的结论：经过训练之后，我们做得最好的东西也就是我们能提供给实践的最好的东西，这种最好的东西就是系统化的解释，它们表达出对人类事务领域的总体理解，通过这种方式所产生的直觉，就会以新的方式对实际问题造成影响。

在这一方面，古希腊哲学家提出了一个有价值的观点。他们说，法律、医学、政治，无论在哪一科，如果你以中等程度的一般性开处方，则未必理解处方背后的原理，碰到有些复杂的新病例，就会手足无措，开不出方子。你会越来越僵化，唯恐偏离规则。另一方面，如果你对产生具体处方的东西，力求更深入和更普遍的理解，也就是说，如果你真正理解了所涉及的概念，并且能够将其系统地联系起来，那么，你就越来越有能力面对新病例，尤其当现有处方模棱两可、残缺不全时，更能大显身手。我认为，这就是我们应该如何理解哲学对法律、医学和发展政策的潜在贡献的方式，也就是说，哲学提供了基

[145]

---

① 参见布洛克：《生与死：关于生物医学伦理学的哲学论文集》（Dan W. Brock, *Life and Death: Philosophical Essays in Bio-medical Ethics*, Cambridge: Cambridge University Press, 1993）。

础性、系统性的理解类型,能够指导我们开处方、制定法律。哲学一定要根植于经验,关注实践,否则哲学被当做无关紧要的东西而打发掉,倒也不失公正。瓦萨蒂和加亚玛,在我遇到她们之前,从未出现在我的脑海里,就此而言,我对这项理论任务还没有做好思想准备。但是致力于现实并不必然意味着哲学不应当是抽象的、理论的、关注概念区分的,只有保持这些关注,哲学才能作出独特的实际贡献。①

但是,我们能合理地希望,在我们现在和未来的世界中,这项哲学工作会结出硕果吗? 康德认识到,只要看看人世间的恶,就会发现维持人类进步的希望何其困难,虽说要支持我们完成旨在改变现实的工作,这些希望很可能是必不可少的。不过,康德也主张,我们可以采取一些乐观主义的信念作为"实践的公设",这正是为了支持我们对人性的持续承诺:"现在,也可能还有人从历史出发对我的这些希望提出如此之多的怀疑,这些怀疑如果有证明力,就能够打动我放弃一件表面上徒劳无功的工作;这样,只要这一点无法被完全确定,我就不能把这个义务(作为 liquidum[明确之事])换作不力争不可行之事的明智规则(作为 illiquidum[不明确之事],因为它是纯然的假说);而且,无论我对是否可以为人类希望更善的东西总是并且依然怎样不确定,这都毕竟不能有损这个准则,因而也不能有损它在实践方面的必要预设,即此事是可行的。没有对更善的时代的这种希望,要做某种对普遍福祉有益之

————————

①　关于这一点,参见罗尔斯:《政治自由主义》"平装版导言"(John Rawls, introduction to the paperback edition of *Political Liberalism*, New York: Columbia University Press, 1996, ixii);也参见正文"为什么实践需要伦理学理论"(Why Practice Needs Ethical Theory)。

事的真诚渴望就绝不会温暖人心，这种希望也曾始终影响着善意的人们的工作。"①

女性主义哲学家接受康德的实践公设时有特殊的困难，因为在全部历史的所有文化中，女性的不平等一直是既定的人生事实。尽管在 20 世纪，女性争取到令人瞩目的进步，但仍然没有一个国家的女性享有与男性完全平等的生活品质标准。在许多国家，男女两性间的鸿沟不但没有弥合，反而在不断扩大。② 瓦萨蒂和加亚玛的生活就活生生地表明，在人的所有主要能力方面，包括生命本身，女性继续遭受着普遍歧视。因此，女性主义哲学家可以合情合理地断言："历史"确实"对【她的】这些希望提出如此之多的怀疑"，而且她所尝试完成的任务确属无功而返。

但在我看来，康德是正确的。规模庞大的实际任务太重要，因此不能不去努力尝试。只要最终是否徒劳无功尚无定论，那么，倘若我们对人类的善满怀希望，享受着这种希望的思想在道德上是有价值的，而且正是这样的思想支撑着我们的事业。

---

① 康德：《论俗语：这在理论上可能是正确的，但不适用于实践》（Immanuel Kant, "On the Common Saying: 'This May Be True in Theory, but It Does not Apply in Practice,'" in *Kant: Political Writings*, ed. Hans Reiss, trans. H. B. Nisbet, Cambridge: Cambridge University Press, second edition 1991, 89）。【中译文完全根据《康德著作全集》第八卷，李秋零主编，中国人民大学出版社，2010 年版，第 313 页。与努斯鲍默引用的英译文略有出入。——译注】

② 例如，印度目前的女性与男性的比率，是自有人口普查以来最低的。关于系统化的营养不良与不平等的医疗的完整指标，见德雷兹和阿玛亚·森（Amarrya Sen）：《印度：经济发展与社会机会》（Jean Dreze and Amarrya Sen, *India: Economic Development and Social Opportunity*, Delhi: Oxford University Press, 1995）。

6　什么是哲学？独断论形而上学终结后的哲学视角

卡尔—奥托·阿佩尔

　　什么是哲学？好一个问题！必须承认，一想到要在这样一本书里处理这个问题，我差点就惊呆了。要是为外行读者解答"什么是哲学"的问题，我会欣然从命①——或者从古希腊经典中的一些典型定义开始，这些定义释译并诠释了"哲学（philosophia）"一词；或许还会把这个问题与康德著名的四个问题联系起来："我能知道什么"、"我应该做什么"、"我可以希望什么"，以及"人是什么"；②我也会运用康德在哲学的

---

　　① 1981年，我曾以类似的方式向对德国的一所广播大学的听众，回答"实践哲学"或"伦理学"的意义问题。参见阿佩尔等编：《实践哲学与伦理学对话录》和《实践哲学与伦理学读本》（K.-O.Apel, D.Bohler, and G. Kadel-bach（eds.）, *Praktische Philosophie/Ethih Dialoge*, Frankfurt am Main: Fischer, 1984, and K.-O.Apel, D.Bohler, and K.Rebel（eds.）, *Praktische Philosophie/Ethik: Studientexte*, Weinhem: Beltz, 1984）。
　　② 康德：《纯粹理性批判》B833（Immanuel Kant, *Critique of Pure Reason*, B833）。【阿佩尔对康德的学院概念与世界概念的理解，似与康德本意有出入。阿佩尔理解的哲学的世界概念，指公共的、通俗的哲学概念，而学院概念则是学术性的概念。但康德的观点是："迄今为止哲学的概念只不过是一个学院概念（Schulbegriff），也就是说，是关于仅仅被当做科学

"学院概念(*Schulbegriff*)"和"世界概念(*Weltbegriff*)"之间所做的区分;我自己也会采纳并列出经典的释义,尤其是那些只谈论努力探求康德所谓"人类理性的根本目的",①而不期待关于"灵魂"或"神、人之物"的(形而上学)知识的释义。但是,

我应该如何对我的同行回答"什么是哲学"的问题呢?对哲学是什么、哲学一直被视为什么,他们了如指掌,难道是想听听我如何回答"哲学应当是什么",从中听到什么与众不同的东西吗?

普通公众对哲学兴致盎然:传统哲学课程注册率相当高,非传统哲学的课程也在激增,例如针对职业经理人的哲学课程,甚至还有为少女开设的哲学导论。如此庞大数量的听众很愿意在传统脉络中,把哲学视为探索"理性的最终目的"的承诺,或视为对那四个康德式问题的可能解答。

专业哲学的面貌则大相径庭。在这里,具有公开准入和检验标准的哲学行当相当庞大,在海德格尔的意义上,可称为哲学的"企业活动"(Betrieb)。近年来我们看到,哲学期刊和书籍的增长超过了历史上每一个时期。但是,就欧洲和北美的著名专业哲学家的元哲学反思而言,其特征要么是怀疑论,要么是在坚决拒斥哲学这个词所唤起的古典期望,不仅包括

来寻求的知识的一个体系的概念,所当做目的的无非是这种知识的系统统一性,从而只是知识在逻辑上的完善性。但还有一种世界概念(Weltbegriff,conceptus cosmicus),它在任何时候都被当做上述称谓的基础,尤其是当人们把它仿佛是人格化,并且在哲学家的理想中把它表现为一个原型的时候。就此而言,哲学就是关于一切知识与人类理性的根本目的(teleologia rationis humanae[人类理性的目的论])的关系的科学,而且哲学家不是一个理性艺人,而是人类理性的立法者。"(康德:《纯粹理性批判》(注释本),李秋零译,中国人民大学出版社 2011 年版,第 543—544 页。——译注】

① 同上,B866—867。

与前康德意义上的一般形而上学和特殊形而上学相关联的希望，也包括关于批判理性的普遍有效性要求的期待。

贝恩斯、伯曼和麦卡锡编辑过一本论文集，名曰《哲学之后：终结抑或转型?》，书中清晰描绘了职业哲学的现状。按照此书中的说法，对于哲学仍然能够是什么的问题，大致有两种设想。第一种设想要求"哲学的终结"，理查德·罗蒂、让—弗朗索瓦·利奥塔、米歇尔·福柯和雅克·德里达都充当了这种颠覆的急先锋。另一种设想寻求"哲学的转型"，包含两个版本。唐纳德·戴维森、米歇尔·达米特、希拉里·普特南、尤尔根·哈贝马斯和我本人，都主张"系统化的"转型，[154]而汉斯—格奥尔格·伽达默尔、阿拉斯代尔·麦金泰尔、汉斯·布鲁门伯格和查尔斯·泰勒都倾向于"诠释学的、修辞学的和叙事性的"转型。

我赞同《哲学之后》对当前元哲学反思的划分方式，我想自己也属于书中所说的系统化转型那一群人。然而，我认为值得注意的是，三位编者对我的"先验语用学（transcendental pragmatics）"的先验方面有些意见。他们说："无论把这些哲学家分隔开来的是哪些分歧，他们都是可错论者和有限论者（fallibilist and finitist）。没有人会要求，为获得哲学的洞见，自我确证是必不可少的。"①不过紧接着，编者加了一个脚注："就可错论原则而言，阿佩尔的确是个例外：他主张在先验哲学传统中，若干语用学前提是批判性和论辩性话语不可避免的前提，因此哲学上的怀疑只有在语用学框架内才有意义，而

① 贝恩斯等编：《哲学之后：终结或转型?》（K.Baynes, J.Bohman, and T.McCarthy（eds.）, *After Philosophy*：*End or Transformation*?, Cambridge：MIT Press, 1987, 7）。

语用学框架本身是超越怀疑的。"①这的确非常中肯地刻画了我的观点的特征。我的立场是一种"一致的可错论(consistent fallibilism)"，因为任何无限制的可错论原则，尤其是如后期波普尔主义者②所捍卫的适用于自身(self-applicable)的可错论，必定会消解其自身的意义。

　　我认为哲学应该尽可能地自我批判，在考察自身的有效性要求时，甚至应当遵循自我怀疑的探索性方式，在哲学力图比较自己的能力和任务与自然科学和文学的能力和任务时尤其如此。但是，不能将富于自我批判的论证与完全受情感摆布的时髦概括混为一谈；在关于我们理性陈述能力的有限性和根本的可错性的伪形而上学陈述中，这类情感爆发出来，诉诸我们能够从历史经验的证据派生出来的东西，似乎摆脱了

[155]

对其自身有限性条件的一切批判性探究。

　　我认为，针对这种混乱，最好的矫正方法，就是进行持续的反思性比较，比较的一方是我们的哲学命题，包括怀疑论命题，另一方是必定会产生这些命题的言语行为中暗含的有效

---

　　① 贝恩斯等编：《哲学之后：终结或转型?》(K.Baynes，J.Bohman，and T.McCarthy(eds.)，*After Philosophy:End or Transformation?*，Cambridge:MIT Press，1987，7)，第 18 页，注 2。

　　② 参见拉德尼茨基(Gerard Radnitzky)的文章《为自我适用的批判性理性主义辩护》，文中解释了阿尔伯特(H.Albert)、巴特利三世(William Warren Bartley Ⅲ) 及其本人的立场，载《绝对价值和新世界的创造》(*Absolute Values and the Creation of the New World*，ed. International Cultural Foundation，New York:International Cultural Foundation Press，1983，vol.Ⅱ，1025—1069.)。亦可参见拙文：《可错论：真理和最终辩护的共识理论》，载《哲学与辩护》(K.-O.Apel，"Fallibilismus，Konsenstheorie der Wahrheit und Letztbegrundung，"in *Philosophie und Begrundung*，ed.Forum für Philosophie Bad Homburg，Frankfurt a.M.:Suhrkamp，1987，116-211)，重印于阿佩尔：《争论：先验语用学方法的证明》(K.-O.Apel，*Auseinandersetzungen:In Erprobung des transzendentalpragmatischen Ansatzes*，Frankfurt am Main:Suhrkamp，1998，81-194)。

性要求(validity claim)。如果我们的哲学命题与这些语用学上预设的有效性要求不一致，我们就会使自己陷入践言性的自身矛盾①之中；在这个意义上，后语言学转向(post-linguistic-turn)与康德所谓违反"理性的自身一致性(Selbsteinstimmigkeit der Vernunft)"②如出一辙。

这里提出的严格的先验反思是我们今天在哲学中最彻底地运用先验论证的方式。③ 这种先验反思不再与"范畴图型"的先验演绎或其语义对等物相关(斯特劳斯及其追随者就曾在这方面重起炉灶)。④ 因此，这种先验反思也不臣服于"去先验化"(detranscendentalization)的裁决，这其实是罗蒂从戴维森对"经验论的第三个教条"的质疑中得出的观点，该教条假设在认知的"形式"和"内容"之间有着严格的分离。⑤ 因

---

① 践言性的自身矛盾(performative self-contradiction)，也译作"完成行为式的矛盾"、"述行矛盾"、"施为性矛盾"、"执行性矛盾"等。详见韩东晖：《践言冲突方法与哲学范式的重新奠基》，《中国社会科学》2007年第3期。——译注

② 简单地说，这种理性的自我一致性要求即康德所谓"一以贯之的思维方式的准则，是最难达到的，……是理性的准则"。详见康德：《判断力批判》，5:294—295，载《康德著作全集》(第五卷)，李秋零译，中国人民大学出版社2007年版，第306—307页。——译注

③ 详见库尔曼：《反思性的最终辩护：先验语用学研究》(W. Kuhlmann, *Reflexive Letztbegründung, Untersuchungen zur Transzendentalpragmatik*, Freiburg: Alber, 1985)。

④ 参见尼奎特：《先验论证：康德、斯特劳森和去先验的疑难研究》(M. Niquet, *Transzendentale Argumente: Kant, Strawson und die Aporetik der Detranszendentalisierung*, Frankfurt a. M.: Suhrkamp, 1991)。

⑤ 参见罗蒂：《失去的世界》和《先验论证、自我指涉与实用主义》(R. Rorty, "The World Well Lost," *Journal of Philosophy* 69(19), and "Transcendental Arguments, Self-reference, and Pragmatism," in *Transcendental Arguments and Science*, ed. P. Bieri et al. Dordrecht: D. Reidel, 1979, 77–103)；亦可参见尼奎特：《先验论证》，530E。

为我们能够、也应该检验所有类型的哲学论证，即使是关于整体论（holism）或怀疑论（skepticism）的论证也不例外，从而保证我们既避免践言性自身冲突，又能够继续推进。但凡论辩均会预设有效性要求，这一事实是哲学无法回避的、从而是先验的前提。如今我们连这个前提也要质疑吗？带着这个问题以及前面的评论，我就为自己的尝试搭起了舞台，接下来要说明我认为当今哲学应该是什么。

"哲学的终结"①

[156]　　让我们回到《哲学之后》这本书。我想，提出"哲学终结"观点的人会在不同程度上明确质疑我的那个论题，即论证预设某种有效性要求是哲学的不可回避的先决条件。但既然反驳者要运用论证与我争论，那么他们本身就仍然要遵循我的先验语用学的最弱条件来进行哲学思考，各式各样的相关争论只是表明了陷入践言性自身冲突的诸多方式而已。这一点需要就其后果更具体地分析。

　　质疑论证所具有的先验功能，内在地关系到另一个质疑，即质疑在哲学、修辞和诗歌这三类语言游戏之间存在根本差异。为了避免误解，我要事先说明，我并不否认伟大的诗歌能够具有哲学意义，甚至还会大于平庸的学院派哲学作品，我也不反对在哲学论证过程中使用修辞和诗歌手段，如隐喻。但是，在我看来，合法地混用各种语言游戏或语言类型是有限度的；文学的或修辞的策略不能遮蔽或否认哲学论证的普遍有

---

　　① 原文标题为"'哲学终结'的立场"。——译注

效性要求,尤其在这些论证应面对可能的批判的时候。

试考虑这个有名的模糊性的例子:说服(persuade)、说服力(persuasion)和说服性(persuasive)。这三个词在英语中,正如在从拉丁语演化而来罗曼语系中一样,均代表了一种修辞学传统。如今,言语行为理论能够非常清晰地区分通过论证使人信服(überzeugen)与狭隘的修辞意义上的"说服力"(是 überreden):前者的以言取效的效果(perlocutionary effect)①依赖于听话者的自主判断,后者则是不惜一切代价要达到"以言取效",即使通过狡猾地阻挠或消除听话者的自主判断也在所不惜。

比 überzeugen 与 überreden 之间的混淆更严重的是两种不同的公开策略的语言使用:第一种有策略地使用论证,服务 [157] 于履行和批判有效性要求;与之相对的第二种使用,则有策略地使用语言,服务于自身的利益,例如在讨价还价时,出价和(或)示以威胁。通过先验语用学的反思,我们能够知道,就证明论证的力量而言,第一种语言游戏是不可或缺的,而第二种语言游戏则被哲学的旨趣先天排斥出去,因为这种旨趣要达到的是关于有效性论断主张的共识。

在《哲学之后》一书中,"哲学终结"的代表人物罗蒂、利奥塔、福柯和德里达都以某种方式忽略或质疑论证的先验功

---

① 英国语言哲学家奥斯汀在《如何以言行事》中区分了三种言语行为:以言表意行为(locutionary act)、以言行事行为(illocutionary act)和以言取效行为(perlocutionary act),或译叙事行为、施事行为、成事行为,话语行为、话语施事行为、话语施效行为等。以言表意行为相当于说出一个有意义的语句;以言行事行为指以一种话语行事的力量说出某个语句,例如陈述、提问、命令、极高、许诺等;以言取效行为由说什么而达到某种效果的行为。如使人相信、说服等。——译注

能。他们跨越了哲学的自身一致性的界线，实践并宣传的不仅是通过文学类型原理以无害的方式丰富哲学，还包括我刚才提到的那些涉及语言使用的理据的混淆。

以罗蒂为例，他建议让哲学降格为"教化性的对话"（edifying conversation），以此试图避免与论证的普遍性有效性要求相关联的一切错综复杂的哲学问题。在芝加哥举行的一次会议上，一位支持罗蒂解决先验哲学问题方案的拥趸，在听完我关于对话理性的报告后，对我说："你不应当需要有效性要求，你只要有说服力就行了。"这种说法符合罗蒂独特的真理共识理论，就一个论断能否在事实上成功说服特定听众而言，这种共识理论有其规范性的尺度，因此是实用主义的。罗蒂以具体的社会同意为目标，想用我们对"团结"（solidarity）的努力取代对"客观性"的努力追求，并追随威廉·詹姆斯，对于那些事实上可以达成同意的人来说，把"真理"理解成"最好去相信"（good to believe）的东西，例如，"自由主义者，西方社会受过教育的人"就立足于西方文化传统之中。① 罗蒂的观点像以文化中心主义的方式，通过修辞性论证，将真理等同于有用性；这种观点削弱或消解了如下观点：真理主张（truth-

[158]

---

① 参见罗蒂：《真理是探究目标吗？戴维森是对的》（R. Rorty, "Is Truth a Goal of Enquiry? Davidson Is Right," *Philosophical Quarterly* 45（180），281-300）。罗蒂说："我们希望向最大多数、最为广泛的听众证明我们的信念的合理性。"（第298页）但他怎么证明他的这一希望或假定？根据罗蒂关于说服的语用学理论，其假定的意义仅仅在于想要提高说服的社会成功程度，否则，他就必须求助于普遍有效性要求，这的确要通过无限次尝试，借助论证以达到共识，从而说明我们为什么需要考验信念的力量，并为之辩护。参见哈贝马斯：《罗蒂的实用主义转折》（J. Habermas, "Rorty's pragmatische Wende," *Deutsche Zeitschriftfür Philosophic* 44（5），715-742）。

claim)要求普遍有效性,不依赖语境化的说服是否成功。

罗蒂明确否认 überreden 与 überzeugen 的区分与"语境依赖"和(真理主张的)"普遍性"的区分之间有什么关系。对罗蒂来说,"在语言使用的策略性和非策略性之间的区分,只不过是以下两种情形的区分:一种是我们关心的只是说服别人;另一种是我们希望能学到什么有用的东西。"对罗蒂来说,这两种情形是"光谱的两端,在其一端,我们要使人信服,无所不用其极,例如通过欺骗、饰伪去真等(omissio veri,suggestio falsi)。(我本来打算在这里用说服一词,因为我仿效苏格拉底,把通过论证使人信服的尝试都与希望学到什么关联起来。)在其另一端,我们与别人交谈之时犹如我们在最安适、深思和好奇之时与自己交谈一样。'对真理的纯粹追求'是传统的名字,表示在光谱的这一端发生对话。但我看不出这种谈话与普遍性或无条件性何干"。①

然而,在严肃的哲学讨论中,这种"实用的"立场使之不可能受到反对者的批评,因为它并不愿意暴露出能够与依赖于语境的成功说服事先区分开来的有效性要求。通过消除批判的可能性,罗蒂对话式的实用主义的确标志着哲学的终结。卡尔·波普尔认为免于批判是哲学的致命错误,而免于批判也就是缺乏独立于语境的有效性要求。

但是,难道因为在"外部实在论"②的意义上没有可靠真理的评判标准,也就是说不存在预先区分真理与话语内部的

---

① 罗蒂:《普遍性与真理》(Richard Rorty,"Universality and truth",未刊稿,1993 年 6 月 14 日)。

② 参见普特南:《带有人类面孔的实在论》(Hilary Putnam, *Realism with a Human Face*,Cambridge:Harvard University Press,1990)。

可能成功的标准，罗蒂的立场就是唯一出路了吗？罗蒂式出路的替代性方案并不是由外部实在论的形而上学提供的，而是皮尔士的"实效主义"①提供的。实效主义，在我看来，是一种论辩性话语的规范性程序主义（proceduralism），一种不依赖于修辞性说服，而依赖于论辩中的范导性理念（regulative idea）的方式，也就是说，在论辩性话语的理想状态下（包括认知状态和交往状态）达到最终共识，这种思想与我们通过真理必须理解的东西是同一的——如果我们假定真理是我们原则上能够努力追求的。② 尽管没有哪个共同体真会达到那种把握了全部实在之真理的共识，但任何严肃的论证必然预设这种共识的可能性，将其作为一种范导性理念。换言之，我们不可能反对这种范导性理念是先决条件，否则必然陷入践言

———————

① 特别参见皮尔斯：《什么是实效主义》（C.S.Peirce，"What Pragmatism Is，" Coll. Papers，vol. 5，§§411－437；cf. 5. 438ff，5. 453ff，5. 458，5. 460f，5. 497ff，5. 11ff）。亦可参见阿佩尔：《查尔斯·皮尔士：从实用主义到实效主义》（Karl-Otto Apel，*Charles S.Peirce：From Pragmatism to Pragmaticism*，Amherst：University of Massachusetts Press，1981，part II.）【在皮尔士的文章中，他因为一个人对实用主义（pragmatism）的误解，而改称实效主义，因为"它丑陋异常，足以免遭绑架"。详见涂纪亮主编：《皮尔士文选》，社会科学文献出版社 2006 年版，第 7 页。又，阿佩尔书目原文有误，据实际书名校改。——译注】

② 参见拙文：《可错论：真理和最终辩护的共识理论》。这里不太适合讨论最近关于范导性理念有意义使用的反对意见，这些理念涉及真理是什么的构想，而反对意见特别是来自威尔默《伦理与对话》（A. Wellmer，*Ethik und Dialog*，Frankfurt am Main：Suhrkamp，1986，91）以及《真理、偶然、现代》（in *End-spiele*，Frankfurt am Main：Suhrkamp，1993，162）。在这里，我只能主张，如果我们从范导性理念中得出追求超出一切可能交往的状态的责任，那就误解了这种关于最终共识的范导性理念。因为只有在历史条件下试图想象达到最终共识后是怎样的，或者想象达到超越人类历史终结状态是怎样的，这种关于范导性理念的系统陈述才能浮现出来。但我认为，这无异于将范导性理念实体化（hypostatization），但这已经被康德所禁止了，因为康德要将这种类型的"理念"去柏拉图化（de-Platonize）。

性的自身冲突。

哲学后现代主义的倡导者利奥塔（Jean-Francois Lyotard）提供了很好的例子，表明反对范导性理念如何导致践言性自身冲突。利奥塔追随的是尼采式的或无政府主义版本的维特根斯坦主义，通过一种哲学元话语（meta-discourse），公开抨击论证对话语的"合法性"的需要或其可能性。但是，他没有反思的是，其自身哲学元话语（极其普遍的有效性要求）是否不可避免。相反，他主张，现代科学的哲学元话语就像是思辨性历史哲学的形而上学元叙事，后者起源于 18 世纪，经过黑格尔和马克思的努力而臻于顶峰。无论是上述元话语还是元叙事，都作出了普遍有效性的总体性要求，代表了近代进步观念的特殊构想。利奥塔对二者均持反对态度，他延续了后经验主义科学哲学的洞见与我们当今这个幻灭时代的经验之间的对垒。因为利奥塔不承认存在着理性的先验批判，他会这样说："合法性是否像哈贝马斯设想的那样，存在于通过讨论　[160]
而达成的共识中呢？这种共识违背了语言游戏的异质性。发明总是产生在分歧中。后现代知识并不仅仅是政权的工具。它可以提高我们对差异的敏感性，增强我们对不可通约的承受力。它的根据不在专家的同构中，而在发明家的误构（paralogy）中。"①

《后现代状况》中的这一典型段落提出了的问题与下面的类似。这种反对寻求共识的论证本身，至少只要它是论证，只要它作为哲学元话语的一部分，通过其普遍有效性要求而

---

① 参见利奥塔：《后现代状况》（J.-F. Lyotard, *The Postmodern Condition*, Minneapolis：University of Minnesota Press, 1984, 75）。

展现其特征,难道不隐含地要诉诸共识吗？进而言之,"通过讨论达成共识"如何能够侵犯"语言游戏的异质性"呢？是因为它使有希望达成的共识成为不可能的吗？我们能够、也应当通过讨论以下事实而达成共识:"语言游戏的异质性"必定阻止我们达成共识。但在这种情况下,我们不要仅仅为"误构"喝彩。相反,起码就科学而言,我们要尽量克服语言游戏的异质性,寻求更完备的"范式"或"互补原理"(complementarity principle,如在尼尔斯·波尔①那里)。在最起码的程度上,我们需要努力在这个语言游戏的持久异质性的特性和理由上达成共识。

有时候,我们能就如下事实达成共识,即认知兴趣的不同激发了方法论上的差异,例如,以诠释学为取向的人文科学与通过法则来说明的(nomological-explantory)自然科学(或准法则性的[quasi-nomological]行为科学)之间的差异。② 康德区分了理论理性、实践理性和审美判断,向我们表明,这里也存在着不同类型的合理性。然而,承认这些差异并不强迫我们

---

① 尼尔斯·波尔(Niels Bohr,1885—1962),丹麦物理学家。他通过引入量子化条件,提出了玻尔模型来解释氢原子光谱,提出对应原理、互补原理和哥本哈根诠释来解释量子力学,对 20 世纪物理学的发展影响深远。由于"对原子结构以及从原子发射出的辐射的研究",荣获 1922 年诺贝尔物理学奖。——译注

② 参见阿佩尔:《理解与说明:先验语用学视角》(K.-O.Apel, *Understanding and Explanation:A Transcendental-Pragmatic Perspective*,Cambridge:MIT Press,1984),以及《作为人类认知兴趣的社会科学类型》("Types of Social Science in the Light of Human Cognitive Interests," *Social Research* 44(3),425-470),重印于《社会科学中的哲学论争》(*Philosophical Disputes in the Social Sciences*,ed.Brown,Brighton:Harvester Press,1979,3-50)和拙著:《伦理学、合理性理论》(K.-O.Apel, *Ethics and the Theory of Rationality*,Atlantic Highlands,NJ:Humanities Press,1996)。

做如下假设：在不同推理维度之间没有内在关联，因此，如利　[161]
奥塔所称，"解放的目标与科学无关。"①例如，我们能够认识
到，在当今人类状况下，全球正义和共同责任的伦理极度依赖
关于生态事实和社会经济事实的科学知识（的进步）。我发
现作出如下假设非常荒唐，即论辩话语的普遍实用主义的共
识—公设，会隐匿多种类型的语言行为之间的差异。

倘若我们一定要处理具有文化依赖性的世界观之间的不
可通约的差异，包括处理不同的强伦理价值；我们可以遵循下
列互补原则：一方面，在我们这个多元文化的、最终是全球化
的社会中，我们能够、也应当赞成对文化差异的宽容；另一方
面，我们能够、也应当同样接受一些普遍性规范（包括人权），
以此限制恶性的文化习气，因为这些文化习气让不同文化的
和平共处化为泡影，使相互合作以应对人类共同问题（如环
境危机）失去可能。②

在这些情况下，"以讨论达成共识"的探索就迫在眉睫，
但这既不是以"权威的工具"也不是以"恐怖"的工具起作用
的（如利奥塔所建议的）；③相反，这种达成共识的方式是替代
社会达尔文主义意义上纯粹权力斗争的唯一可能的选择。论

---

① 利奥塔：《后现代状况》，第8页。

② 参见阿佩尔：《善的多样性？从伦理观点看多元文化社会中的积极宽容问题》（K.-O.Apel，"Plurality of the Good? The Problem of Affirmative Tolerance in a Multicultural Society from an Ethical Point of View，"*Ratio Juris* 10(2)，199-212）；以及《多元文化社会中的正义问题：对话伦理学的回应》（"The Problem of Justice in a Multicultural Society：The Response of Discourse Ethics，"in *Questioning Ethics：Debates in Contemporary Philosophy*，ed. Richard Kearney and Mark Dooley，London：Routledge，1999）。

③ 参见利奥塔：《知识分子之墓及其他文章》，（Lyotard，*Tombeau de l' intellectuel et autres papiers*，Paris：Editions Galilée，1984，81）。在这本书中，利奥塔谈到"有时源于美国但绝大多数源于德国理性主义的恐怖（共识）"。

辩性对话不仅为共识，也为合理争议，从而也就是为每一个人都能够认为值得拥有的"革新"和"发明"敞开了自由的空间。

利奥塔针对关于合法性的哲学元话语的谴责，已成为范例，说明了反哲学的论辩策略如何通过践言性自身冲突必然取消自身。这种自身冲突不仅在利奥塔富有煽动性的小册子《后现代状况》（1979）中得到证明，也在他的主要著作《歧见》（*Le différend* 1983）中得以展示。在该书中，"哲学终结"观固有的践言性自身冲突，以一种既清晰明显又让人恼火的方式显示着自身：它在两极对立的态度之间制造了持续的斗争。

[162]

一方面，利奥塔以践言方式表明了情感和评价上的喜好，即偏爱特殊的生活形式及其独特的语言上的自我表达（以及对世界的解释）。他反对一切官僚主义的和技术主义的倾向，这种倾向通过语言政治迫使人们整齐划一。就此而言，无论利奥塔本人相信与否，他与普遍实用主义对话伦理的明确合法化策略是完全一致的。因为利奥塔假设，这种哲学元对话不仅没有规定任何预先固定的语言使用规则，而且也不规定语言使用的基本规范，所有可能的对话伙伴都有平等的权力和平等的责任。

另一方面，利奥塔在自己清晰的元对话中，又拒绝了任何这样的规则。在他看来，论辩的不同有效性要求之间的一切可能争执，都仅仅"歧见"的不同立场，这意味着："两派（或更多派别）之间的冲突事件不可能作出不偏不倚的决断，因为没有适用于彼此双方论辩的判断规则。"①在《后现代状况》

---

① 这是我的翻译。见利奥塔：《歧见》（Lyotard, *Le différend*, Paris: Editions de Minuit, 1983, 9）。后面的内容参见法兰克：《理解的边界：利奥塔与哈贝马斯之间的精神对话》（Manfred Frank, the *Grenzen der Verständigung: ein Geistergespräch zwischen Lyotard und Habermas*, Frankfurt am Main: Suhrkamp, 1988）。

中，利奥塔说："在游戏的意义上，说话就是战斗，言语行为属于普遍的竞技。"①在《歧见》中，利奥塔继续这一思路，不承认存在着主体间有效的伦理关系。严肃地断定他人的道德义务是"丑闻"，这是"最突出的歧见"。与康德相反，利奥塔断言：道德法则的绝对性"异化了我（the I）"，而且狡猾地使 [163] "我"相信：它愿意为了互惠原则（rule of reciprocity）而让自己退位。按照利奥塔的观点，承认"伙伴间的共识或可交换性的规则，即对话的规则"，并非真正的自由法则；因为这种承认是从理论话语到实践话语的不合法转移，而自由与知识已被"深渊"所阻隔。因此，利奥塔的结论就是："不存在伦理共同体。"②

根据利奥塔的哲学元话语，把任何事情合法化或加以批判都是不可能的。然而，利奥塔本人却充满热情地将许多事情合法化或加以批判。这种一开始就陷入其中的践言性自身冲突，是利奥塔所有后现代主义特殊论题带来的破坏性刺激的源泉。在这里我无法深入细节考察，但我要强调，在我看

---

①　利奥塔：《后现代状况》，第 10 页及以下。【在注释中，利奥塔说，术语"言语行为"来自希尔勒："语言语言行为是语言交流的最小基础单位。"我们在这里把它与争斗联系在一起，而不是与交流联系在一起。竞技是赫拉克利特的本体论和智者的辩证法的起源，更不必谈最初的悲剧作家了。——译注】

②　利奥塔：《歧见》，第 162 页、169 页、172 页及以下、176 页、182 页及以下、184 页、186 页。参见阿佩尔：《交往共同体的先天性与伦理学的基础》（K.-O. Apel, "Das Apriori der Kommunikationegemeinschaft und the Grundlagen der Ethik," in *Transformation der Philosophic*, vol.II, Frankfurt am Main：Suhrkamp, 358 – 436）。英译本见阿佩尔：《哲学的改造》（Apel, *Towards a Transformation of Philosophy*, London：Routledge & Kegan Paul, 1980）和《伦理学与合理性理论》（*Ethics and the Theory of Rationality*, Atlantic Highlands：Humanities Press, 1996）。

来,利奥塔的哲学为"哲学终结之后"哲学能成为什么提供了最佳范例。

"哲学终结"观的另外两个代表人物是福柯和德里达。这两位思想家著作的具体内容极为有趣,但在本主题的语境中,我能说的只是,他们通过践言性自身冲突,进一步反映出哲学当下的自我解构。

德里达甚至可能会肯定这一评价,他会宣称今天的唯一出路就是试图克服西方的"逻各斯中心主义"(logocentrism),同时充分利用其论辩性工具。在某种意义上,后期海德格尔谈到通过重建形而上学(*verwinden der Metaphysik*)来克服西方形而上学时,也预见到这一思路。但是在践言性自身冲突的困境中则无路可逃。以德里达为例,用指号来呈现"先验的所指"(transcendental signified)、从而仅传达这一所谓事实是否可能的争论,根本就讲不通。因此必定有另一种方式可以处理德里达所发现的"延异"(*différance*,即意义差异的持续生成)和指号过程的"撒播"(dissemination)。我相信,我们能在皮尔士符号学的帮助下找到这样一种方法,因为他的符号学不仅能分辨某个指号对其他指号的无限指涉,还能识别指号功能的三合一结构,从而避免了德里达从符号学到符号主义(semioticism)的转换。①

[164]

---

① 参见阿佩尔:《先验符号学与进化的假说性形而上学》(K.-O. Apel, "Transcendental Semiotics and Hypothetical Metaphysics of Evolution: A Peircean or Quasi-Peircean Answer to a Recurrent Problem of Post-Kantian Philosophy," in *Peirce and Contemporary Thought*, ed. K. L. Ketner, New York: Fordham University Press, 1995, 366 – 397, reprinted in K.-O. Apel, *Toward a Transcendental Semiotics*, Atlantic Highlands: Humanities Press, 1994, 207 – 230)。

就福柯而言，我发现不遵从他在哲学上的自我理解，反而更容易尊重他的历史探究中的发现。可以承认，在所有意义重大的违宪行为中，在社会实在的语言学解释中，通过"真理体制"交织在一起的"公正化（jurisdiction）"和"真言话（veridiction）"都是起作用的；然而，我们还是可以坚持在科学的真理意志和政治的或准政治的权力意志之间保持分析上的分离。① 人的科学确实必须是意识形态的持续批判的主题和目标，但人的科学不能被尼采式的（道德的和真理的）"谱系学"所取代，因为这种谱系学取消了自身有效性要求。②

在我看来，尼采的确是这种思想方式或风格的权威的始作俑者，这种思想撕下每一个真理断言和道德公正断言上的面具，同时也消解了自身的有效性要求。这种陷入践言性自身冲突的方式并不能克服西方形而上学，毋宁说是自然主义还原论的反柏拉图主义的反形而上学的典型产物，一种对现代科学还原解释的形而上学误用。

在叔本华的思想中，这种反形而上学采取了理性的功能还原形式。德国唯心主义形而上学将自由意志整合在理性之中，但对叔本华来说，理性只是作为自然意志——即生命驱动或冲动——的必然功能而已。叔本华试图说明，人为什么以及如何为了真理和怜悯（同情）的道德情感而否定自然意志（natural will），但这时，他使自己陷入自相矛盾。尼采试图克

---

① 关于公正化、真言化等思想，参见福柯：《生命政治的诞生》，上海人民出版社 2011 年版，第 24 页及以下。——译注

② 参见哈贝马斯：《现代性的话语》（Jurgen Habermas, *Der Diskurs der Moderne*, Frankfurt am Main: Suhrkamp, 1985, chapter 10）。

[165] 服叔本华的矛盾，将自然意志肯定为"权力意志"（will to pow-er）。但这只是将隐含在功能性还原主义中的践言性自身冲突更加明显。具有讽刺意味的是，所谓的后现代主义哲学延续了尼采式的还原主义的反形而上学，这是一种自身消解自身的反转，反转的是柏拉图对理性、逻各斯或心灵（nous）实体化（hypostatization）。

也许（德里达意义上的）"逻各斯中心主义"就是近代理性主义，即将世界客体化，海德格尔将其归入（科学和技术的）"座架（Gestell）"的标签下，或者归入是近代思想的"理性化"（rationalization）类型。根据马克斯·韦伯和霍克海默或阿多诺的观点，逻各斯中心主义使"手段—目的"（means-ends）或"工具"理性的绝对化达到登峰造极的程度。在这种情况下，近代理性主义应当受来自理性观点的批判。这不会是理性对理性进行的自我摧毁式的批判，而是从论辩性话语的哲学理性观出发，批判某些抽象合理性模式在近代的绝对化。①

无论如何，"哲学终结"观发动的对理性的总体性批判不能回答哲学在我们的时代应该是什么的问题。因此，让我们现在来考虑改造哲学的规划。

---

① 参见阿佩尔：《质疑对理性的总体性批判与关于合理性类型的哲学理论纲领》（K.-O. Apel, "The Challenge of a Totalizing Critique of Reason and the Program of a Philosophical Theory of Rationality Types," in Reason and Its Other, ed. D. Freundlieb and H. Hudson, Oxford: Berg, 1992, 23-48。重印于阿佩尔：《伦理学与合理性理论》（Apel, *Ethics and the Theory of Rationality*, 50-274）。

哲学的改造

如上节所述，哲学不可回避的（迄今为止也是先验的）预设是任何论辩都包含普遍的有效性要求。我暂时注意到，在话语共同体中，任何论辩行为都隐含着四种有效性要求：意义要求、真理要求、真诚要求（veracity claim）、道德正确要求。① 质疑这些先验预设不啻为废弃哲学活动本身。因此，我们必须检验所有的哲学论题，特别是那些刻画哲学立场的论题，看看它们的前提内容与其践言性表达的有效性要求是否一致。 [166] 如果某一论题不能在这种方式上保持一致，则将因废弃其意义要求而废弃自身，因为意义要求是其他有效性要求的前提。践言一致性的检验为意义批判（Sinnkritik）提供了最根本的标准。在我看来，意义批判是哲学的语言转向之后的先验理性批判的基本方法，也是语言的反思性先验语用学的示范性方法。

为了辨别哪些论题是论辩行为本身所预设的，我们必须检验论证在践言上的一致性。我们必定不能接受独断的先验论，因为它不过是假定某些要求是论辩的践言性预设，从而免于质疑。我在前面只是临时列举了论辩的四种有效性要求，所以有人不免怀疑我也涉嫌犯有独断立场之罪。但是，恰恰相反，我建议我们运用意义批判的方法，探明论辩的哪些预设不可能被质疑，同时又不陷入践言性自我矛盾，同时也探明哪

---

① 参见哈贝马斯：《什么是普遍语用学》（Habermas, "What Is Universal Pragmatics?" in *Communication and the Evolution of Society*, Boston: Beacon Press, 1979, 1-68）。从一开始，我就把"普遍语用学"、特别论辩四种有效性要求解释为"先验语用学"；参见阿佩尔：《论争》（*Auseinandersetzungen*）。

些预设不可能根植于传统的意义，同时又不犯预期理由的错误（petitio principii）。①

　　意义批判方法揭示了那四个有效性要求之外的论辩预设，例如，意志自由与行为自由的预设，②论辩者的存在与意识之外的外部世界的预设、论辩者的具身性（embodiment）预设，以及在论辩者具身性的语境下，语言的、自然的指号的预设等。这些论辩的先验语用学预设可被视为特殊的哲学语言游戏的典范性证据。但这些证据区别于其他所有语言游戏的

[167] 典范性证据，因为实质上其他所有语言游戏都是可质疑的，连同其典范性证据，因为这些证据是在历史上偶然形成的。相反，哲学语言游戏的典范性证据不能被质疑，因为它们是所有质疑的可能性的条件。我的这个论题在大多数当代哲学家看来是不可能的，但我在后面还会回到这个论题上来。

　　前面所述的观点或许已经清楚说明，我认为第一哲学这种话题类型的优势何在，这种优势应当是沿着先验哲学的思

---

　　①　我关于最终奠基的表述参见《通过语言的先验语用学解决哲学基础的问题》（"The Problem of Philosophical Foundation in the Light of a Transcendental Pragmatics of Language," in Baynes, Bohman, and McCarthy, *After Philosophy*, 250-290）。【预期理由（petitio principii）：以真实性尚未得到证明的命题作为论据来证明论题真实性的逻辑错误。论证中的论据，不仅应当是真命题，而且应当是确知为真的命题，这样才能成为断定论题真实性的可靠依据。真实性还未被证明的命题不能用来论证论题的真实性，因为它既可能是真实的，也可能是虚假的，而虚假论据是不能断定论题的真实性的。例如"外星人是存在的"这一命题虽然有可能是真实的，但它在目前尚未被证明为真，它就不能成为证明"地球人在宇宙中不具有唯一性"的论据。——译注】

　　②　参见库尔曼：《反决定论的反思论证》（W.Kuhlmann, "Reflexive Argumente gegen den Determinismus. Zu Ulrich Podiast the Unzulanglichkeit der Freiheitsbeweise," in *Sprachphilosophie*, *Hermeneutik*, *Ethik. Studien zur Transzendentalpragmatik*, Wurzburg：Konigshausen & Neumann, 1992, 208-223）。

路来改造哲学，类似康德式的"理性批判"的风格，而非总体的、从而使自身解体的理性批判或逻各斯中心主义的方式。但是，它也应当包含对独断论形而上学和独断论先验论的彻底批判。然则此何谓也？

在过去的两个世纪里，人们越来越清楚地认识到，康德在《纯粹理性批判》中所谓"哲学思维方式的革命"传达的信息极其含糊不清。一方面，康德拒斥了独断论的形而上学，相应地要求先验地探究主体间有效知识的可能性条件，这无疑是走向哲学新范式的至关重要的转折点，新的范式至今仍然引导着我们。但是另一方面，康德在贯彻他的"批判大业"时，却无法做到不与他要质疑的独断论形而上学纠缠在一起；因此，他的思想体系反而变成了独断论先验论的典范。为了勾勒独断论形而上学终结之后的先验哲学的观点，我将就康德遗产的对立双方略作评论。

在我看来，反驳哲学等于形而上学这一观点的关键，不在于形而上学是第一哲学，旨在努力探索有效性要求的最终基础，但这种评价在当今很流行，它同样会质疑先验哲学，因此 [168] 也将独立自主的哲学的可能功能一遭质疑了。与之相反，我认为哲学之所以不可能是形而上学，因为形而上学是独断的。

自柏拉图和亚里士多德以来，存在论的形而上学，或者存在—神学的（onto-theological）形而上学将世界（即一切存在，也包括人类理智或理性）视为一个"有限界的整体"（*em begrenztes Ganzes*）①，视为某种可被认为偶然的、从而可被从外

---

① 维特根斯坦：《逻辑哲学论》（Ludwig Wittgenstein, *Tractatus Logico-Philosophicus*, 6.45.）。【"在永恒的观点下看世界，就是把世界作为一个有限界的整体来看。对世界之为一有限界的整体的感觉，是神秘的。"——译注】

部（即从神的视角出发）旁观和质疑的东西,却没有批判性地反思认识的先验条件。这一哲学思维的"独断论"态度通过两种独特方式揭示了自身。

第一种是强烈的存在论意义上的真之符合论或等值论（correspondence or adequation theory of truth）,属于"外部实在论"的形而上学立场。这种观点预设我们能够从外部观察到主客体间的认知关系（仿佛是两个世界中的物体的关系一样）,因而能够核实理智与其表象的事物之间是否符合。康德及后来的布伦坦诺（Franz Brentano）、弗雷格都清楚说明了这种真之意义的存在论还原所带来的困境。

独断论态度的第二种独特证据是由莱布尼茨的著名问题表达的:"为什么在者在而无反倒不在?"①以康德的观点来分析,这个问题是"不合法的"（überwendlich）。就我们经验世界中任何事物的存在而言,能够提出合法的关于为什么的问题,但是从世界之外的立足点来看世界的整体,则不能合法地提出这类问题。就莱布尼茨而言,采取这样的立场当然是极有可能的,它预先决定了其问题的答案——这个答案就是基督教柏拉图主义的形而上学:上帝从无中（ex nihilo）创造世界。

[169]

但是,如果我们认真对待康德对这种独断论形而上学的拒斥,与他针对有效知识可能性的先验条件进行批判性反思的要求,那么很快就会意识到在设计自己的"理性批判"时,

---

① 此语（why is there something rather than nothing?）出自莱布尼茨:《基于理性的自然与神恩的原则》（*Principles of Nature and Grace*,*Based on Reason*）。参见 Leibniz,*Philosophical Papers and Letters*:*a Selection*（Synthese Historical Library）,ed.Leroy Earl Loemker,Kluwer,1989,639。——译注

康德远未达到自身的内在标准。康德未能通过严格的"先验反思"保持"理性的一致性"（die Einstimmigkeit der Vernunft），也就是说，未能通过连续不断地比较经验的可能性条件与自身哲学探究的条件，来保持这种一致性。相反，为了说明其哲学体系主要部分的关系，康德构造了自己所需要的独断论形而上学的新类型，即经验形式上的"先验观念论"，个别现象或显象上的"经验实在论"，以及不可知的"物自身"的先验背景假定。康德的独断论形而上学的预设不可避免地使人们假定，为了理解客观经验的有效性如何产生，在先验主体（即先验意识）与物自身的本体领域之间，存在着因果联系（causal commercium）的不合法的上层建筑。

众所周知，康德的同时代人正确地批评了康德体系中的不融贯性。我认为，黑格尔的批判主要集中在彻底的、自身一致的先验哲学的关键条件上，即批判哲学家本人所预设的有效知识的构想上。① 黑格尔声称，这位批判哲学家不亲自开始那项事业，就不能够检验认识的功能。我认为黑格尔在此完全正确。简言之，哲学家必须认为自己有能力知道事物的与思维的真正实体，而不仅仅是外感和（或）内感的纯然表象。

[170]

但是，黑格尔远远超出了先验哲学构想的批判性重构。他不仅摈弃了康德在现象与本体间的区分，而且取消了康德在近代经验论意义上的科学知识和先验认识论知识之间的区

---

① 参见黑格尔：《精神现象学》、《逻辑学》、《哲学史讲演录》（Hegel, *Phânomenologie des Geistes*, ed. J. Hoffmeister（Hamburg 1952），63ff.; *Wissenschaft der Logik*, ed. G. Lasson（Hamburg 1966），vol. II, 496; *Vorlesungen uber the Geschichte der Philosophie* vol. III, in Hegel's works（ed. Glockner）19: 555ff; *Enzyklopädie*（1830），§ 10）。

分。与康德相反，黑格尔恢复了作为知识(episteme)的柏拉图主义式的哲学科学的构想，试图通过把哲学上关于知识的自身认知设想为实质性的扬弃(Aufhebung)，这种对一切关于自然、文化和历史的科学知识的扬弃，仿佛是精神从其自然与历史的外化与异化状态中走出，重返家园一样。

通过这一构想，黑格尔颠覆了经验科学时代的批判性先验哲学的康德范式，因而可以理解，他激起了 19 世纪实证主义和新康德主义对他的反动。但我们一定不能忽略，黑格尔的客观唯心论及其"客观精神"概念，为人文科学或文化科学(在德语中是精神科学)的新的问题意识铺平了道路，也就是说，在黑格尔之后，精神科学必须提出自己关于先验(即先验诠释学的)基础的问题。

诠释学的先验问题最终引发了 20 世纪第一哲学的语言转向。① 当然，现象学与文化哲学的语言学诠释学转向，因分析哲学而得到补充。分析哲学最初定位于符号逻辑，后来发展为日常语言哲学。我认为，皮尔士的"实效主义"符号学和

---

① 在这里，我想到的是(1)狄尔泰的最后一部著作《精神科学中历史世界的构造》("Der Aufbau der geschichtlichen Welt in den Geisteswissenschaften," in *Gessamelte Schriften*, vol. 7, pp. 46f and 207ff. 英译本见 H. P. Rickman(ed.), *W. Dilthey*, *Pattern and Meaning in History*, London, 1961/New York, 1962, pp. 117ff. 参见 K.-O. Apel, "Wittgenstein and the Problem of Herme-neutic Understanding," in *Towards a Transformation of Philosophy*, London: Routledge 8cKegan Paul, 1980, pp. 1–45, and Milwaukee, WI: Marquette University Press, 1998, pp. 1–45)。(2)海德格尔与伽达默尔的现象学的语言学诠释学转向，罗伊斯在其最后著作《基督教问题》(*Problem of Christianity* 1913)第二卷中对皮尔士指号学的诠释学应用。参见阿佩尔：《科学主义还是先验诠释学？实用主义符合学中的符号解释主体问题》，载《哲学的改造》("Scientism or Transcendental Hermeneutics? On the Question of the Subject of the Interpretation of Signs in the Semiotics of Pragmatism," in *Towards a Transformation of Philosophy*, 93–135)。

结构主义符号论(semiology)也属于激发出 20 世纪第一哲学新范式的思想潮流。①

试考虑罗伊斯最后的著作《基督教问题》②——这部书至少在欧洲几乎不为人所知。该书提出了先验认识论的新范式，我在研究关于自然科学与人文科学之间方法论关系的理解与说明争论时，发现了这一点。③ 这种新范式是用罗伊斯的术语表达的。为了给科学认识提供基础，依靠表象实在的主客体关系，或证实关于实在的假说的主客体关系，都是不够的，尽管这一点主导着近代认识论；而且，为了说明语言学术语的"名义价值"(nominal value)，我们必须说明共同认识主体(或者同一主体的不同阶段)的交往理解(communicative understanding)。正是这种名义价值提示我们，必须清楚地认识我们的知识的"现金价值"。 [171]

若用我的术语，则可以说，主客体关系和主体—共同主体关系是一切认识的基础，二者之间存在着根本的互补性。④ 我们应当承认这种互补性，不仅是为了将科学客观化的认识论，也是为了诠释学。我们必须考虑到科学的共同主体间交往理解的互补性预设，而且在研究诠释学时，不应该忘记，当我们努

---

① 参见阿佩尔：《走向先验符号学》和《从先验符号学的观点看》(Apel, *Toward a Transcendental Semiotics*, and *From a Transcendental Semiotic Point of View*, Manchester：Manchester University Press, 1998)。

② 罗伊斯：《基督教问题》(Josiah Royce, *The Problem of Christianity*, New York：Macmillan, 1913.)。【罗伊斯(Josiah Royce, 1855—1916), 亦译"鲁一士"。美国哲学家，新黑格尔主义者。——译注】

③ 参见阿佩尔：《理解与说明》(Apel, *Understanding and Explanation*)。

④ 参见阿佩尔：《社会科学及其规范性基础的诠释学维度》(K.-O. Apel, "The Hermeneutic Dimension of Social Science and Its Normative Foundations," *Man and World* 25 (1992), 247-270, reprinted in Apel, *Ethics and the Theory of Rationality*, 293-315)。

力理解其他人（包括已故经典文本的作者）的时候，不是将他们客观化（objectify），而是就世界中的某个东西与他们交流。因此，语言学诠释学的转向之后，先验认识论的新范式就可以冠以"关于某物的交往理解"之名（德语是 *Verständigung über etwas*）。

但是，我为什么称之为认识论的、甚或是第一哲学的先验范式呢？在我们这个时代，人们普遍认为哲学的形形色色的语言转向已经侵蚀了形而上学与先验哲学的基础，转而支持

[172]

一切类型的怀疑论与相对主义，而怀疑论和相对主义又伴随着一种无可避免的见解，即我们的哲学思考依赖于各种不同的甚至不可通约的文化传统。这就是为什么我在《哲学之后》一书中，将我和我的先验论比作白色乌鸦的原因——不仅仅是主张"哲学终结"的哲学家中的，而且在某种意义上是主张"哲学转型"的代表人物中的稀有动物。

即便将我的立场与我的朋友哈贝马斯的立场相比较，上述观点也是成立的。我们赞成"语言的普遍语用学"的绝大多数结构特征和"对话伦理学"的许多宗旨。不过，哈贝马斯坚持论辩的三种（或四种）有效性要求的普遍性要求，有时甚至轻率地对待"弱形式"的先验语用学的观点，认为自己必须拒斥哲学与一切经验科学的先验区分，代之以捍卫所有"重建的"（社会）科学与哲学之间在方法论上的统一。①

---

① 关于哈贝马斯的立场，参见《哲学之后》一书（Baynes, Bohman, and McCarthy, *After Philosophy*, 291ff.）；亦可参见阿佩尔：《可错论：真理和最终辩护的共识理论》和《诉诸生活世界为"批判理论"奠基？》（K.-O. Apel, "Normative Grounding of 'Critical Theory' through Recourse to the Lifeworld? A Transcendental-Pragmatic Attempt to Think with Habermas against Habermas," in *Philosophical Interventions in the Unfinished Project of Enlightenment*, ed. Axel Honneth, Thomas McCarthy, Claus Offe, and Albrecht Wellmer, Cambridge: MIT Press, 1992, 125-170）。

因此,他像波普尔的追随者一样,否认对可错论的任何先天论的限制;关键是,哈贝马斯并不回避,在原则上,论辩的必要预设(如四种有效性要求)必须以经验的方式来检验,就像语言学理论的基础假设那样(例如乔姆斯基的"内在性"论题)。

因此,哈贝马斯必须承认如下观点是可能的:原则上,论辩的必要预设既被经验性的检验所证伪,然而同时又被经验性的检验预设为有效的。由于论辩的必要假设当然是任何检验的前提条件,如同它们是有意义地谈论可错性和证伪的必要前提条件一样。因此,哈贝马斯的立场也包含了一定类型的践言性自身冲突。这一冲突的根源在于,哈贝马斯否认在最广泛意义上的一切经验性检验的有效性条件与对这些条件 [173] 的哲学洞见的有效性条件之间的先验区分。因为正如我已经强调过的,虽然有关论辩的必要预设的论题并不像独断论的先验主义主张的那样免于批判,但是检验它们的标准不在于任何可能经验,而在于怀疑这些论题就必然陷入践言性的自身冲突。这是证明先验洞见的特定的哲学方法。哈贝马斯忽视这一先验语用学的洞见,因为他要求对论辩的预设进行经验性的经验,因此他陷入了践言性的自身冲突当中,为这个经验主义—科学主义的谬误付出了代价;因为毫无疑问,在每一个经验性的检验中,他必须实际上预设他要检验的东西。

应当补充的是,我绝不是要拒绝哲学与重建的社会科学之间的彼此合作和相互查验的需求,这种需求是哈贝马斯依照法兰克福学派的"批判理论"所设定的。但是,我在批判性重构劳伦斯·科尔伯格(Lawrence Kohlberg)的道德发展理论的尝试中业已指出，①在这样的批判性的合作中，双方都必须使用各自特定的有效性验证标准。否则，他们就不能充当相互查验的批判的合作者。②

独断论形而上学终结后的哲学观

讨论过法兰克福学派对哲学与重建的社会科学之间的统一或区别的探索之后，我希望已经表明了我关于独断论形而上学终结之后的哲学观是怎样的。以下四点概括了我的立场：③

[174]

1 我将自己的构想称为"先验语用学"（最初也称之为"先验诠释学"，现在也称为"先验符号学"），意在刻画在20世纪哲学的语言学—诠释学转向之后，包括理论哲学和实践哲学在内的第一哲学的立场。

2 在当今哲学中，怀疑论、相对主义甚嚣尘上，显然是语言学—诠释学转向所致；与之相反，我坚持第一哲学与先验哲

---

① 参见阿佩尔：《交往伦理的先验语用学辩护与道德意识的最高层次的发展逻辑问题》，载于《对话与责任》（K.-O. Apel, "Die transzendental-pragmatische Begrundung der Kommunikarionsethik und das Problem der hochsten Stufe einer Entwicklungelogik des moralischen Bewußtseins," in *Diskurs und Verantwortung*, Frankfurt am Main: Suhrkamp, 1988, 306–369）。

② 顺便说一句，我发现科尔伯格在纠正自己错误的时候，已在哲学与心理学的关系上确认了这一点。参见科尔伯格等：《道德阶段》（Lawrence Kohlberg, Charles Levine, and Alexandra Hewer, *Moral Stages: A Current Formulation and a Response to Critics*, Basel: Karger, 1983, 15ff）。

③ 参见阿佩尔：《今日第一哲学》（K.-O. Apel, "Erste Philosophic heute?" in K.-O. Apel, Vittorio Hösle, Roland Simon-Schäfer, *Globalisierung: Herausforderungfur the Philosophic*, Bamberger Hegelwochen 1997, Bamberg: Universitätsverlag, 1998, 21–74）。

学的思想。所谓第一哲学,我指的并不是存在论形而上学的
构想,这种形而上学统治着从柏拉图、亚里士多德一直到康德
的哲学,我指的是某种类型的先验哲学。因此,我指的也不是
关于先验意识的哲学,这种哲学统治着自康德至胡塞尔的哲
学,我指的是语言学—诠释学转向之后新的先验哲学形态,这
一形态在其对最终基础的先天论要求(aprioristic claim)上,
更严谨、更彻底。

2.1 我尤其遵循在皮尔士的"实效主义"中发现的改造过
的康德主义,以限定古典先验论的先天论要求。① 这就意味
着我将放弃范畴体系的整个构成性的先天论,或至少将其相
对化,而支持先验语用学提供的有效性基础,即逻辑法则与
"综合推理"和"指号解释"步骤的有效性基础;为这类步骤奠
基的,是这些步骤在理想条件下必然汇聚的反事实预期或范
导性原则,这些步骤指向"不确定的研究者共同体"的最终共
识。沿着对康德主义的这种改造,我赞同以意义批判的方式,[175]
将康德的二元论形而上学(纯然现象与不可知的物自身)改
造为一种构想,即将"实在"的设想为可知的,实在虽然不能
被完全认识,却是"终极意见"(ultimate opinion)的相关项。

2.2 对康德先天论的限制,必须伴随着对哲学终极基础
的先验要求的彻底化。皮尔士通过设定最终共识,为关于探
究的符号逻辑的步骤法则奠定了基础,这个基础能够也必须
最终由那些论辩的预设来奠定,要怀疑这些预设,就会陷入践

---

① 参见阿佩尔:《先验符号学与进化的假说形而上学》和《分析哲学
对我的思想传记的影响》(K.-O. Apel, "Transcendental Semiotics and Hypo-
thetical Metaphysics of Evolution," and "The Impact of Analytical Philosophy on
My Intellectual Biography," in *From a Transcendental-Semiotic Point of View*,
1998)。

言性的自身冲突。例如,像四种有效性要求这样的预设,事实
上能够部分地由严肃论辩的原初共识设定所构成。

　　3 因此,通过严格的先验语用学对论辩的预设的反思,一
种新形态的第一哲学就有了可能,其核心不包含任何可错的
假设,而仅仅包含可错假设的不可反驳的条件。不过,哲学的
作用不能、也必须不局限于严格的先验的第一哲学的作用。
按照皮尔士的主张,既然即便是为了经验科学领域的利益,人
的思辨性思维不应被限制,则应当存在一种思辨的、非独断论
的、整体上假设的形而上学。这种形而上学在第一哲学与经
验科学之间应有其位置,为经验科学提供开创性的思想,引导
新的研究范式,事实上,自前苏格拉底时代以来,哲学就已经
这样做了。

[176] 　　4 最后,我还是应当提一下,在我看来,作为第一哲学的
先验语用学的构想,也能为对话伦理学、从而为实践哲学提供
最终基础。① 在这种情形下,只有两种东西能被先天地奠基:
一是规范性的前提条件,是达到理想的实践话语的步骤所需
要的,二是与历史相关的共同责任的非常形式化的原则,是塑
造理想的实践话语的制度性前提条件所需要的。其余的东

---

　　① 　一方面,参见哈贝马斯的三部著作:《道德意识与交往行为》、《论
对话伦理学》、《事实与规范之间》(Habermas, *Moralbewusstsein und kommu-
nikatives Handeln*, Frankfurt am Main: Suhrkamp, 1983, *Erläuterungen zur Dis-
kursethik*, Frankfurt am Main: Suhrkamp, 1991, and *Faktizität und Geltung*,
Frankfurt am Main: Suhrkamp, 1992)。在这些著作中,通过对对话原则的先
验反思而为道德奠基的主张,已被明确抛弃,因为对话原则已被宣布为
"道德中立的"。另一方面,参见阿佩尔:《伦理学与道德理论》、《对话与
责任》和《论争》(K.-O. Apel, *Ethics and the Theory of Morality*, *Diskurs und
Verantwortung*, and *Auseinandersetzungen*),其中最后三篇文章包含我对哈贝
马斯的实践哲学构想的批判与替代性建议。

西,例如道德与法律的实质规范的确定及其最终应用,就留给
受影响的人或其拥护者的实践话语好了,而且必须被认为是
可错的、有条件的。

作者简介

卡尔—奥托·阿佩尔(Karl-Otto Apel)系法兰克福的歌德大学教授(Johan Wolfgang Goethe University, Frankfurt am Main)。其著作包括《哲学的改造》(*Transformation der Philosophie*, 1976 年德文版,1980 年英文版)、《理解与说明:从先验语用学的观点看》(*DieErklären: Verstehen-Kontroverse in transzendentalpragmatischer Sicht*, 1979 年德文版,1984 年英文版)、《论文集》(*Collected Essays*, 1994 年第一卷,1996 年第二卷),以及《从先验符号学的观点看》(*From a Transcendental Semiotic Point of View*, 1998)。

罗伯特·布兰顿(Robert Brandom)系美国匹兹堡大学杰出教授。其著作包括《罗蒂及其批评者》(*Rorty and His Critics*, 2000)、《清晰阐释》(*Making It Explicit*, 1994)、《清晰地说出理由》(*Articulating Reasons*, 2000)以及《言行之际》(*Between Saying and Doing*, 2008)等。

卡斯顿·哈里斯(Karsten Harries)系耶鲁大学哲学教授。其著作包括《现代艺术的意义:一种哲学诠释》(*The Meaning of Modern Art: A Philosophical Interpretation*, 1968)、《巴伐利亚

的洛可可式教堂：信仰与唯美主义之间》(*The Bavarian Rococo Church：Between Faith and Aestheticism*, 1983) 以及《建筑学的伦理功能》(*The Ethical Function of Architecture*, 1997)。

萨拉·海特(Sarah Lilly Heidt)系纽约城市大学约翰·杰伊刑事司法学院助理教授(John Jay College of Criminal Justice of the City University of New York)。她曾发表多篇关于黑格尔和现象学的论文。

玛莎·努斯鲍姆(Martha C.Nussbaum)系芝加哥大学法律与伦理学恩斯特·弗伦德杰出讲席教授(Ernst Freund Distinguished Service Professor of Law and Ethics at the University of Chicago)，同时也在哲学系、法学院和神学院任教。其著作包括《爱的知识：论哲学与文学》(*Love's Knowledge：Essays on Philosophy and Literature*, 1990)、《善的脆弱性：希腊悲剧与哲学中的运气与伦理》(*The Fragility of Goodness：Luck and Ethics in Greek Tragedy and Philosophy*, 1986)、《性与社会正义》(*Sex and Social Justice*, 2000)，以及《女性与人类发展：能力方法》(*Women and Human Development：The Capabilities Approach*, 2000)。

C.P.拉格兰(C.P.Ragland)当时系耶鲁大学哲学博士研究生。他曾发表多篇关于邓斯·司各特和当代实在论—反实在论争论的文章。目前任教于美国圣路易斯大学。

巴里·斯托德(Barry Stroud)系加州大学伯克利校区米尔斯形而上学与认识论讲席教授(Mills Professor of Metaphysics and Epistemology at the University of California, Berkeley)。其著作包括《休谟》(*Hume*, 1977)、《哲学怀疑论的意蕴》(*The Significance of Philosophical Scepticism*, 1984)、

《探求实在：主观主义与颜色的形而上学》(*The Quest for Reality：Subjectivism and the Metaphysics of Colour*, 1999)、《理解人类知识》(*Understanding Human Knowledge*, 2000)，以及《意义、理解与实践》(*Meaning，Understanding，and Practice*, 2000)。

　　艾伦·伍德（Allen Wood）系斯坦福大学哲学教授（Stanford University）。其著作包括《康德的道德宗教》(*Kant's Moral Religion*, 1970)、《康德的理性神学》(*Kant's Rational Theology*, 1978)、《卡尔·马克思》(*Karl Marx*, 1981)、《黑格尔的伦理思想》(*Hegel's Ethical Thought*, 1990)，以及《康德的伦理思想》(*Kant's Ethical Thought*, 1999)。伍德教授也是剑桥版康德著作集的总编辑之一。

索　引

译 后 记

职业哲学家最头痛的事情之一，就是回答非专业人士向他们提出的这个问题——"哲学是什么？"或者"什么是哲学？"因为如何回答这个问题，就是个复杂的哲学问题；如果提问者毫无背景知识，就很难向他说明白；如果提问者隐含着对哲学的某种领会，也很难让他接受另外的意见。据说弗洛伊德曾经抱怨，人们不懂相对论，却对爱因斯坦钦佩不已，人们同样也不懂精神分析学，却对弗洛伊德本人说三道四，仿佛比他更精通精神分析。哲学家的遭遇也与此类似。

职业哲学家最头痛的事情之二，就是回答其他哲学家向他们提出的这个问题——"哲学是什么？"或者"什么是哲学？"因为哲学家无需通过解释"哲学是什么"来确立自己的学术成就，而一旦试图回答这个问题，无论是解释哲学实际上是什么（事实性问题），还是规定哲学应当是什么（规范性问题），都难免遭到以偏概全、是己非人之讥。

因此，"哲学是什么？"的问题，却成了最晦暗不明的问题，只不过，这并不是多么急迫的问题，反倒常常显得是某种哲学理论的副产品。事实上，对这一问题的深入探究，无论是事实性的,还是规范性的,无论是历史学意义上的,还是社会学意义上的,都是十分必要,而且富有兴味的。

本书收录的六篇文章,就是六位卓有成就的当代哲学家对这个问题的回应。内容介绍可见于两位编者撰写的简明扼要的导言。他们的回应包含了极为丰富的内容,相当深入的思考,无论对于专业学者还是普通读者,都大有裨益,值得一读。

我曾经先后两次用本书作为"西方哲学外文原著选读"课程的教材,在课堂上与学生们一起通读和讨论。其中一次还请学生试译此书的大部分章节,尽管译文质量参差不齐,但他们的努力值得嘉许。本次翻译基本上是重译,同时参考了他们的译文。舛误之处,当然由我负责。

参与本书初稿翻译的同学有:汤明洁(现为巴黎第一大学博士研究生)、孙迎智(现为马堡大学博士研究生)、刘佳琪(现为北京大学哲学系博士研究生)、蒋丽娟(现为《深圳特区报》记者)、黄巍、吴实龙、宋超营、黄才宝。

本书的注释包括原注和译注。原注中由译者补充翻译的部分,用方括号【】标出。

感谢人民出版社洪琼编辑为本书的出版付出的辛劳。

韩东晖

2013 年 11 月 11 日于忘学居

责任编辑:洪　琼

图书在版编目(CIP)数据

哲学是什么? /〔美〕拉格兰,〔美〕海特 编;韩东晖 译.
　-北京:人民出版社,2014.12
(当代西方学术经典译丛)
书名原文:What is philosophy?
ISBN 978 - 7 - 01 - 014535 - 8

Ⅰ.①哲…　　Ⅱ.①拉…②海…③韩…　　Ⅲ.①哲学-研究
　Ⅳ.①B0

中国版本图书馆 CIP 数据核字(2015)第 037390 号

哲学是什么?
ZHEXUE SHI SHENME

〔美〕C.P.拉格兰　〔美〕萨拉·海特 编　韩东晖 译

人民出版社 出版发行
(100706　北京市东城区隆福寺街 99 号)

北京市大兴县新魏印刷厂印刷　新华书店经销

2014 年 12 月第 1 版　2014 年 12 月北京第 1 次印刷
开本:710 毫米×1000 毫米 1/16　印张:13.5
字数:160 千字　印数:0,001-3,000 册

ISBN 978 - 7 - 01 - 014535 - 8　定价:40.00 元

邮购地址 100706　北京市东城区隆福寺街 99 号
人民东方图书销售中心　电话 (010)65250042　65289539

原书名:What is philosophy?

原作者:C.P.Raland & Sarah Heidt

本书根据耶鲁大学出版社(Yale University Press)2001年版本译出

著作权合同登记:01－2009－2024